Mitología Maya

Fascinantes mitos mayas sobre los dioses, diosas y criaturas legendarias

© Copyright 2020

Todos los derechos reservados. Ninguna parte de este libro puede ser reproducida de ninguna forma sin el permiso escrito del autor. Los revisores pueden citar breves pasajes en las reseñas.

Descargo de responsabilidad: Ninguna parte de esta publicación puede ser reproducida o transmitida de ninguna forma o por ningún medio, mecánico o electrónico, incluyendo fotocopias o grabaciones, o por ningún sistema de almacenamiento y recuperación de información, o transmitida por correo electrónico sin permiso escrito del editor.

Si bien se ha hecho todo lo posible por verificar la información proporcionada en esta publicación, ni el autor ni el editor asumen responsabilidad alguna por los errores, omisiones o interpretaciones contrarias al tema aquí tratado.

Este libro es solo para fines de entretenimiento. Las opiniones expresadas son únicamente las del autor y no deben tomarse como instrucciones u órdenes de expertos. El lector es responsable de sus propias acciones.

La adhesión a todas las leyes y regulaciones aplicables, incluyendo las leyes internacionales, federales, estatales y locales que rigen la concesión de licencias profesionales, las prácticas comerciales, la publicidad y todos los demás aspectos de la realización de negocios en los EE. UU., Canadá, Reino Unido o cualquier otra jurisdicción es responsabilidad exclusiva del comprador o del lector.

Ni el autor ni el editor asumen responsabilidad alguna en nombre del comprador o lector de estos materiales. Cualquier desaire percibido de cualquier individuo u organización es puramente involuntario.

Índice

INTRODUCCIÓN 1
EL CALENDARIO MAYA 5
PARTE I: DOS MITOS DE LA CREACIÓN 9
PARTE II: LAS AVENTURAS DE LOS GEMELOS HÉROES 25
LA HISTORIA DE LOS GEMELOS HÉROES 38
PARTE III: TRES CUENTOS POPULARES MAYAS......................77
VEA MÁS LIBROS ESCRITOS POR MATT CLAYTON 90
BIBLIOGRAFÍA..91

Introducción

La historia de la cultura maya se extiende en un arco que se remonta a casi cuatro mil años, con el establecimiento de los primeros pequeños asentamientos alrededor del año 2000 a. C., hasta el cénit de la civilización maya entre alrededor del año 250 y 900 d. C., y terminando con el colapso gradual de las ciudades mayas a partir del siglo X, que se completó con las incursiones españolas en el sur de América Central en los siglos XVI y XVII. A diferencia de sus primos aztecas del norte, los mayas pudieron resistir a los españoles hasta finales del siglo XVII, y desde entonces han tenido más éxito que sus primos en la preservación de su idioma, muchas de sus prácticas religiosas tradicionales y otros aspectos importantes de su cultura, a pesar de la rapacidad e influencias coloniales.

Desafortunadamente, la cantidad de información sobre el antiguo mito y cultura maya que aún sobrevive hoy en día es escandalosamente pequeña. Bajo el dominio español, todos los códices mayas, excepto cuatro, fueron destruidos, y los primeros historiadores y cronistas españoles, como Diego de Landa (1524-1579) —quien como obispo de Yucatán supervisó la quema de libros mayas—, se negaron a registrar los mitos y otras formas literarias mayas, aunque sus escritos se refieren bastante a la cultura, la sociedad y las prácticas religiosas mayas.

Lo poco del mito maya que tenemos hoy en día está registrado en dos fuentes: el *Popol Vuh*, el libro principal del mito maya k'iche'; y los *Libros de Chilam Balam*, que fueron compilados por redactores mayas yucatecos en los siglos XVII y XVIII. Estos últimos llevan el nombre de los lugares donde fueron compilados (por ejemplo, *Chilam Balam de Chumayel; Chilam Balam de Mani*).

Los k'iche' son una de las diversas ramas de la cultura maya. Se establecieron en las tierras altas de lo que hoy es Guatemala y El Salvador después de la caída de Chichén Itzá, probablemente en algún momento de principios del siglo XIII. Hoy en día, viven en Guatemala. El *Popol Vuh* sigue siendo un referente para los K'iche' de Guatemala hoy en día, así como para otros pueblos mayas, y fue declarado el libro nacional de Guatemala en 1971.

Compilado alrededor de 1550, el *Popol Vuh* es un importante texto sagrado que conserva antiguos relatos épicos de la creación del mundo, una historia mítica temprana del pueblo maya y su cultura, y las aventuras de Hunahpú e Ixbalanqué, los gemelos héroes que superan a monstruos y gigantes, juegan el sagrado juego de pelota contra los propios señores de la Muerte, y finalmente se transforman en el sol y la luna.

Los *Libros de Chilam Balam* (Libros del Sacerdote Jaguar) están escritos en un dialecto maya yucateco, y reflejan la cultura y las tradiciones de los mayas de la península de Yucatán. Existen nueve *Libros de Chilam Balam*, todos ellos recopilados en los siglos XVII y XVIII por redactores mayas. Los tres más importantes son los libros de Chumayel, Tzizimin y Mani. Mientras que el *Popol Vuh* es un conjunto coherente de mitos épicos, los libros de *Chilam Balam* son más misceláneos o libros comunes, que contienen variadas colecciones de mitos antiguos, historia, rituales, almanaques y otra información, incluyendo profecías sobre el advenimiento de los españoles. Ver los mitos que contienen los libros de *Chilam Balam* nos da una pista de la variedad de antiguas tradiciones y creencias mayas, ya que estos mitos yucatecos son sustancialmente diferentes de los preservados en el *Popol Vuh* de K'iche'.

Aunque las tradiciones mayas yucatecas y k'iche' son diferentes entre sí, ninguna de ellas estaba aislada de otras culturas mesoamericanas. Por ejemplo, los panteones k'iche' y yucateco incluyen un análogo del Quetzalcóatl azteca, la Serpiente Emplumada, que es llamada Gucumatz por los k'iche' y Kukulcán por los mayas yucatecos. Sin embargo, mientras que la Serpiente Emplumada funciona como un dios creador para los K'iche', no aparece en ningún mito de la creación yucateca.

Otro punto de contacto con el mito azteca que difiere entre los k'iche' y los mayas yucatecos es que el mito de la creación yucateca conceptualiza el material de la tierra como hecho del cuerpo de una criatura cocodrilo llamada Itzam Cab Ain (lit. "Cocodrilo Iguana Tierra"), que recuerda los mitos aztecas sobre Cipactli y Tlaltecuhtli, que eran monstruos que vivían en el agua y que fueron convertidos en la tierra por los dioses. Un monstruo como este está completamente ausente en los cuentos de la creación de los K'iche'.

Los mitos de las tradiciones yucatecas y k'iche' constituyen la mayor parte de los cuentos presentados en este libro, que también contiene otros cuentos populares mayas. La primera sección de este volumen está dedicada a los mitos de la creación, uno del *Popol Vuh* y otro de los *Libros del Chilam Balam*. La segunda sección relata los cuentos de Hunahpú e Ixbalanqué, los gemelos héroes del *Popol Vuh*, y la tercera sección contiene tres cuentos populares mayas tradicionales que no están relacionados con las fuentes del *Popol Vuh* ni del *Chilam Balam*.

Dado que muchos traductores y editores de estas historias tienden a presentar los nombres de los dioses y otros personajes en traducción inglesa en lugar del original maya, he mantenido esa convención aquí, con dos excepciones: la primera es en los casos en que no se dispone de traducciones precisas, y la segunda es en el mito de la creación yucateca, por razones de prosodia.

Desde las fantásticas hazañas de los gemelos héroes, a las historias de cómo el mundo llegó a ser, a los cuentos populares sobre personas, animales y seres sobrenaturales, el mito maya nos presenta una fascinante variedad de personajes, tramas e imágenes. Todos estos cuentos, ya sea de una fuente antigua o más moderna, nos muestran la gran riqueza y belleza de la literatura maya.

El Calendario Maya

Para los mayas, al igual que para otros pueblos mesoamericanos, la exactitud de la cronología era de suma importancia, principalmente por razones agrícolas y religiosas. Y de manera similar a otras culturas mesoamericanas como los aztecas, los mayas mantenían un calendario solar de 360 días con cinco días intercalados al final del año y un calendario ritual de 260 días.

La estructura del calendario maya es casi idéntica a la del azteca. El calendario ritual de 260 días se conoce como la Ronda Sagrada y a menudo es referido por los mayas yucatecos como *Tzolk'in*, o *Chol Q'ij* en K'iche'. Este calendario se compone de una ronda entrelazada de veinte nombres de días sagrados y trece números de días. Los nombres de los días se usan en un orden específico recurrente, precedido por el número del día. Cada día se llama por número y nombre, por ejemplo: 5 Ix, 11 Ahau. Cuando se alcanza el decimotercer día, la cuenta comienza de nuevo con 1 en el nombre del día siguiente en la serie. Esto produce un conjunto de 260 designaciones de día únicas. A continuación se muestra una tabla que da una idea de cómo los sistemas de números y días interactúan entre sí.

Tabla 1: La Ronda Sagrada

Nombre de día	Traducción	Cuenta de días		
Imix	Lirio de agya	1	8	2
Ik	Viento	2	9	3
Akbal	Oscuridad	3	10	4
Kan	Amarillo	4	11	5
Chicchan	Serpiente	5	12	6
Cimi	Muerte	6	13	7
Manik	Venado	7	1	8
Lamat	Venus	8	2	9
Muluc	Agua	9	3	10
Oc	Pie	10	4	11
Chuen	Mono	11	5	12
Eb	Diente	12	6	13
Ben	Bastón	13	7	1
Ix	Jaguar	1	8	2
Men	Águila	2	9	3
Cib	Buitre	3	10	4
Caban	Tierra	4	11	5
Etznab	Pedernal	5	12	6
Cauac	Lluvia	6	13	7
Ahau	Señor	7	1	8 etc.

Traducciones de los nombres de los días de Prudence M. Rice, Maya Calendar Origins: Monuments, Myth History, and the Materialization of Time *(Austin: University of Texas Press, 2007), p. 34.*

El calendario solar se llama Haab', y consta de dieciocho meses de veinte días cada uno, más cinco días intercalados adicionales al final del año. Estos cinco días adicionales se consideran de muy mala suerte.

Tabla 2: Nombres de los meses de Haab'

Nombre yucateco	Traducción
Pop	Estera
Wo	Rana
Sip	Ciervo
Sotz'	Murciélago
Sek	Cráneo
Xul	Fin
Yaxk'in	Día verde
Mol	Reunión
Ch'en	Pozo
Yax	Verde
Sak	Blanco
Kej	Venado
Mak	Portada
K'ank'in	Día amarillo
Muwan	Búho
Pax	Tambor
K'ayab'	Tortuga
Kumk'u	Oscuro
Wayeb'	Espectro

Wayeb' es el conjunto de cinco días de mala suerte al final del año. Todos los demás meses tienen veinte días.

After Prudence M. Rice, Maya Calendar Origins: Monuments, Myth History, and the Materialization of Time *(Austin: University of Texas Press, 2007), p. 41.*

Además de los 365 días del calendario solar y los 260 días de la Cuenta Sagrada, los mayas reconocieron otros bloques de tiempo importantes. El gráfico que figura a continuación muestra cómo el sistema se construye a partir de un solo día, o *k'in*, en unidades cada vez más grandes a través del *b'ak'tun*. Este cálculo de grandes unidades de tiempo se conoce como la Cuenta Larga Maya.

Tabla 3: La Cuenta Larga

Unidad	Valor	Número de días	Valor gregoriano aproximado
k'in		1 día	
winal	20 k'in	20 días	
tun	18 winal	360 días	1 año
k'atun	20 tuns	7,200 días	20 años
b'ak'tun	20 k'atuns	144,000 días	396 años

Tabla compilada a partir de la información de Prudence M. Rice, Maya Calendar Origins: Monuments, Myth History, and the Materialization of Time *(Austin: University of Texas Press, 2007), p. 44.*

PARTE I: DOS MITOS DE LA CREACIÓN

El cuento de la creación del *Popol Vuh*

Para los mayas k'iche', la creación no ocurrió de un solo golpe, sino más bien en etapas. Los dioses realizan varios intentos fallidos de crear gente que pueda hablarles y honrarlos antes de que finalmente llegar a seres que estén completos, y solo tienen éxito cuando crean a la gente a partir del maíz, el alimento básico más importante de los mayas. También vemos en esta historia la importancia central de la palabra y la cronología para los mayas, ya que es a través de la palabra que los dioses desean ser honrados y dirigidos, y ya que desean que la gente mantenga un calendario sagrado para que puedan saber cuándo honrar a los dioses. Por lo tanto, los dioses mayas no son infalibles, ni son completamente autosuficientes: pueden cometer errores, y requieren la atención y la adoración de los seres sensibles para su propio sustento.

Al principio, no había nada más que el cielo y las aguas bajo el cielo. Y las aguas estaban quietas, las aguas del gran mar del principio, pero el mar estaba vacío y ninguna criatura vivía en él, allí bajo el cielo. No había tierra. No había peces, ni pájaros, ni animales, ni gente. Todo era agua y cielo, allí solo en la oscuridad.

Pero muy abajo en las aguas, en el fondo del mar sin fondo, estaban Tepeu el Gobernante y Gucumatz la Serpiente Emplumada. El Gobernante y la Serpiente Emplumada estaban con los otros creadores, El Que Lleva y El Que Engendra, El Que Hace y El Que Moldea. Juntos, todos estos creadores estaban escondidos en el fondo del mar sin fondo bajo una gran cantidad de plumas de quetzal y plumas de cotinga, plumas brillantes de azul y de verde, de negro y de rubí, y solo había luz. Y en lo alto del cielo, por encima de las aguas sin fondo, estaba Corazón del Cielo. Corazón del Cielo era a la vez uno y tres, y los tres son Huracán Trueno, Jóven Huracán y Trueno Repentino.

Corazón del Cielo envió su palabra a la Serpiente Emplumada, y juntos hablaron del mundo—. El mundo está vacío—dijeron—. ¿Cómo lo llenaremos?

Juntos, Corazón del Cielo y la Serpiente Emplumada hablaron de todas las cosas que harían con Tepeu y los otros Creadores que vivían en el fondo del mar sin fondo. Planearon y pensaron, hablaron de las cosas que harían, de las plantas y animales, y de la gente. Esto sucedió porque Corazón del Cielo envió su palabra a la Serpiente Emplumada; fue su palabra la que inició el comienzo de las cosas.

Cuando todo había sido planeado, cuando las formas de todas las cosas habían sido decididas y acordadas, los Creadores primero se apartaron de las aguas. Partieron el mar, lo vaciaron, inclinaron su pensamiento hacia su creación y así nació la tierra. De la tierra surgieron montañas y colinas, y en las montañas y colinas había bosques de verdes árboles, y entre las montañas y colinas los creadores dejaron fluir los ríos y los arroyos, y las aguas del mar rodearon la tierra.

La Serpiente Emplumada miró a la tierra que fue hecha y dijo—: ¡Corazón del Cielo! Este fue un buen pensamiento que tuviste, el crear nuevas cosas. Estoy complacido con esta tierra.

Corazón del Cielo respondió—: Sí, es bueno. Pero aún así debemos hacer a la gente, porque sin la gente, no habrá nadie que nos agradezca o nos alabe por lo que hemos hecho y lo que aún tenemos que hacer.

Y así, fue por los pensamientos y palabras de los Creadores que la tierra nació de las aguas del mar, y el cielo se puso sobre la tierra y las aguas.

A continuación, los Creadores consultaron entre sí sobre qué tipo de bestias y aves debían vivir en la tierra. El Que Lleva y El Que Engendra dijeron—: El mundo está en silencio. Solo hay tierra, agua, árboles y arbustos. Deberíamos hacer guardianes de estas cosas.

Y cuando dijeron esto, nacieron los ciervos y los pájaros. El Que Lleva y El Que Engendra dieron hogar al ciervo. Le dijeron al ciervo—: Vive en los bosques y a lo largo de los ríos. Ve a los prados. Estos lugares serán tu hogar, y allí tendrás tus crías. Caminarás a cuatro patas.

A continuación, El Que Lleva y El Que Engendra dieron hogar a los pájaros. Les dijeron a los pájaros—: Vivan en los árboles y los arbustos; hagan sus nidos en ellos. Allí estarán sus casas y allí tendrán a sus crías. Volarán en el cielo.

De esta manera, El Que Lleva y El Que Engendra dieron hogar a los ciervos y a los pájaros, al jaguar y a las serpientes, a todos los pájaros y a todas las bestias.

Cuando eso se hizo y todas las criaturas estaban en sus lugares apropiados, El Que Lleva y El Que Engendra, El Que Hace y El Que Moldea les dijeron—: ¡Hablen! Hablen entre ustedes! Digan nuestros nombres, porque nosotros les hemos creado. Récennos, y mantengan sagrados nuestros días festivos.

El jaguar escuchó la orden de los Creadores, pero no pronunció sus nombres. Solo rugió. Los pájaros oyeron la orden de los Creadores, pero no dijeron sus nombres. Solo cantaron sus canciones y llamaron a sus llamados. Ninguno de los pájaros o bestias fue capaz de decir sus nombres, porque no tenían idiomas con los que hablar.

—¡Oh! —exclamaron los Creadores—. Oh, esto ha ido mal. Los pájaros y las bestias no pueden decir nuestros nombres, aunque somos nosotros quienes los hemos creado.

Los Creadores dijeron entonces a los pájaros y a las bestias—: De ahora en adelante, los cañones y las montañas serán sus hogares. De ahora en adelante, prestarán un servicio, y es que su carne se convertirá en alimento. Esto lo ordenamos, porque no nos dieron el honor que nos corresponde; no dijeron nuestros nombres, y no pueden santificar nuestros días sagrados.

Y así fue que los Creadores hicieron las aves y las bestias, y les dieron hogares, y así fue que la carne de las aves y las bestias se convirtió en alimento, porque no podían hablar, sino solo hacer los sonidos que pertenecen a cada clase de criatura.

Una vez más, los Creadores consultaron entre ellos sobre qué hacer. El Que Hace y El Que Moldea hablaron junto con El Que Lleva y El Que Engendra. Dijeron—: Debemos intentarlo de nuevo. Los pájaros y las bestias no pueden hacer por nosotros lo que es necesario. Debemos hacer una nueva criatura, una que pueda hablar, una que pueda mantener sagrados nuestros días santos, una que pueda alabarnos y nutrirnos como merecemos.

Así que los Creadores tomaron un poco de tierra, tomaron un poco de lodo. Lo palmearon, le dieron forma, lo convirtieron en una forma de cuerpo. Sin importar cuánto trataron de darle forma, se desmoronó. El cuerpo se desmoronó, se volvió blando, se desmoronó. No pudieron poner la cabeza sobre él de la manera correcta. No podía ver correctamente. Hablaba, pero no entendía nada. Y cuando entró en el agua, se disolvió, se fue con la corriente del agua.

El Que Hace y El Que Moldea dijeron—: Esto no tuvo éxito. El cuerpo que hicimos no era lo suficientemente fuerte. Podía hablar, pero se disolvía demasiado rápido en el agua. No podía soportar la juventud. No pudo mantener sagrados nuestros días sagrados. Debemos intentarlo de nuevo.

Y así, los Creadores fueron a los otros dioses en busca de ayuda. Fueron con el Gobernante, el Corazón del Cielo y Serpiente Emplumada, a aquellos que eran videntes y guardianes del tiempo y de los días. Fueron a Xpiyacoc, que es la Abuela del Día. Fueron a Xmucané, que es la Abuela de la Luz. Fueron a Hunahpú Possum y Hunahpú Coyote. Llamaron al Gran Pecario y al Gran Tapir. Llamaron a los que son maestros de su arte.

—Dígannos —dijeron los Creadores—. Dígannos cómo podemos hacer seres que nos cuiden y nos adoren. Echen el maíz y las semillas del árbol de coral para la adivinación. Dígannos cómo será si hacemos seres de madera, porque ustedes son quienen tienen la sabiduría para ver.

Xpiyacoc y Xmucané arrojaron maíz para la adivinación. Echaron las semillas del árbol de coral. Trabajaron su arte de adivinación, y le dijeron a Corazón del Cielo y a la Serpiente Emplumada y a todos los Creadores—: Sí, su pensamiento es bueno. Hagan nuevos seres de madera. Háganlos para que puedan hablar y vivir.

Los Creadores dijeron—: Que así sea —y de esas palabras nacen las criaturas, las personas hechas de madera. El Que Hace hizo al hombre de la madera del árbol de coral. El Que Moldea hizo a la mujer de las cañas. Estas criaturas podían caminar, y hablar, y parir, y caminar sobre la tierra, pero como estaban hechas de madera y cañas no tenían alma, y sus cuerpos estaban mal formados y muy secos. No conocían a sus creadores. No conocían a Corazón del Cielo. Se dedicaban a sus asuntos diarios sin pensar en todos los que los habían creado, sin decir sus nombres.

Por lo tanto, Corazón del Cielo hizo una inundación y un desastre para destruir a la gente hecha de madera. Corazón del Cielo envió una inundación para lavarlos, y los destructores para destruir a la gente hecha de madera, para arrancarles los ojos y cortarles las cabezas, para comérselos y para desgarrar sus cuerpos. Esto se hizo porque la gente hecha de madera no les dio el honor apropiado a aquellos que los habían creado.

Vino Huracán, el que es una gran tormenta. La lluvia caía y caía y caía, todo el día y toda la noche. Las bestias de los bosques entraron en las casas de la gente de madera. Sus pertenencias se volvieron contra ellos, sus perros y pavos se volvieron contra ellos. Sus pertenencias se levantaron y los golpearon; golpearon al hombre y a la mujer en sus caras.

Los perros y los pavos dijeron—: ¡Nos comiste una vez, pero ahora te comeremos nosotros!

La piedra para moler el maíz dijo—: ¡Nos usaste para moler, pero ahora te moleremos a ti!

Los perros dijeron—: Nos golpeaste con palos, no nos diste nuestra comida. No podíamos comer por tu culpa. ¡Pero ahora te comeremos a ti!

Las ollas y las planchas dijeron—: Nos pusiste en el fuego. Estamos todos cubiertos de hollín. Nos quemaste, ¡pero ahora te quemaremos a ti!

Incluso las piedras del hogar se volvieron contra la gente de madera. Las piedras de la chimenea saltaron del hogar y se lanzaron a la gente, y en eso la gente se volvió y corrió.

La gente trató de esconderse en lo alto de sus casas, pero las casas se cayeron. Intentaron subir a los árboles, pero las ramas se rompieron debajo de ellos. Intentaron entrar en las cuevas, pero las bocas de las cuevas estaban cerradas.

Así que fue que la gente hecha de madera fue destruida. Se convirtieron en monos, y se fueron a vivir a los bosques. Y así es como los monos se parecen a las personas, porque provienen de esas criaturas hechas de madera que no eran más que seres humanos incompletos.

Dos veces los Creadores habían intentado hacer personas, y dos veces habían fallado. Una vez más, se reunieron y consultaron entre ellos, para ver qué se podía hacer, porque pronto el sol, la luna y las estrellas iban a elevarse sobre la tierra. Los Creadores planearon y pensaron, y finalmente dijeron—: ¡Ah! ¡Vemos lo que debe hacerse! Ahora sabemos lo que debemos usar para hacer a la gente de la forma correcta.

El lugar que tenía lo necesario para hacer a la gente se llamaba Lugar Quebrado, y también se llamaba Agua Salada. Dentro del Lugar Quebrado y Agua Salada había maíz, tanto amarillo como blanco. Los Creadores se enteraron del maíz de cuatro animales. El zorro, el coyote, el loro y el cuervo se acercaron a los Creadores y les dijeron dónde se podía encontrar el maíz amarillo y blanco. Les mostraron a los Creadores cómo entrar en el Lugar Quebrado. Los Creadores vieron el maíz, y así supieron que era lo mejor que podían usar para hacer nuevas personas. Los Creadores usaron el maíz para hacer los cuerpos, y el agua para hacer la sangre.

El maíz no era lo único que había dentro de Lugar Quebrado. También contenía muchos otros buenos alimentos. Había cacao, y frutas llamadas zapote y anona, y ciruelas agrias. Había todo tipo de otras frutas, y también buena miel dulce.

Xmucané, la Abuela de la Luz, tomó el maíz maduro. Tomó granos amarillos y blancos y los molió bien. Tomó agua y se lavó las manos con ella, y el agua que goteaba de sus manos se convirtió en grasa. Xmucané molió el maíz nueve veces, y El Que Engendra, El Que Lleva, el Gobernante y la Serpiente Emplumada juntos tomaron la harina de maíz y el agua, y lo convirtieron en seres humanos. Y así fue como las primeras personas verdaderas fueron hechas de maíz, fueron hechas de comida.

Los Creadores hicieron cuatro personas con el maíz y el agua. Y estos eran sus nombres: el primero se llamaba Jaguar Quitze; el segundo se llamaba Jaguar de la Noche; el tercero era Mahucutah; y el cuarto era Jaguar del Viento. Estas fueron las primeras personas, los primeros ancestros de todos los que vinieron después, y no tuvieron ni nacimiento ni engendramiento. Fueron creados por los Creadores, solo con sus pensamientos y su trabajo.

Una vez que las cuatro primeras personas fueron creadas, fueron capaces de hablar. Podían ver lo que estaba a su alrededor y oír. Podían moverse y hacer su trabajo. Estaban bien hechos en sus cuerpos, cuerpos que eran de varones humanos. Su comprensión del mundo era perfecta, y llegó a ellos sin pedirlo y al instante. Podían ver todo sin girar la cabeza, sin ir de un lugar a otro. Incluso podían ver a través de las piedras y los árboles.

El Que Hace preguntó a los nuevos hombres—: ¿Qué es lo que ven y qué es lo que saben? ¿Les gusta hablar y moverse? Digan lo que perciben.

Y así, los cuatro primeros hombres miraron a su alrededor, y lo vieron todo, y estaban muy contentos. Le dijeron a El Que Hace y El Que Moldea—: Podemos ver y podemos oír. Podemos hablar y podemos movernos. Estos son los dones de nuestros Creadores, que nos hicieron entender lo que está lejos y lo que está cerca, lo que es grande y lo que es pequeño. Por esto damos gracias a nuestro abuelo y a nuestra abuela. Damos gracias dos y tres veces a los que nos crearon.

Cuando los cuatro primeros hombres agradecieron así a los Creadores, entonces entendieron todo lo que había que saber en los cuatro rincones del mundo. Pero El Que Hace y El Que Moldea dijeron—: No es bueno que nuestras nuevas criaturas lo entiendan todo tan bien.

El Que Lleva y El Que Engendra escucharon las palabras de los otros Creadores, y también miraron a las nuevas personas y vieron que tenían demasiado conocimiento. Y así, oscurecieron la vista de la nueva gente, para que solo pudieran ver bien las cosas que estaban cerca. Cuando la vista de los cuatro hombres se oscureció, también perdieron su comprensión de todas las cosas que habían tenido antes.

Y así fue que los primeros cuatro hombres fueron hechos por los Creadores, y se les dio la palabra y el movimiento, pero fueron hechos para ser menores que los dioses.

Pero la creación del pueblo aún no estaba perfectamente lograda, ya que no había mujeres. Así que, una noche cuando los cuatro hombres dormían, los Creadores hicieron cuatro mujeres y las colocaron a los lados de sus hombres. Cuando los hombres se despertaron y encontraron a sus hermosas esposas a su lado, se regocijaron.

Estos eran los nombres de las mujeres: Casa Cielo Marino era la esposa de Jaguar Quitze; Casa Gamba era la esposa de Jaguar de la Noche; Casa Colibrí era la esposa de Mahucutah; y Casa Guacamayo era la esposa de Jaguar del Viento. Y así fue como las primeras cuatro mujeres fueron hechas por los Creadores, y se convirtieron en las madres de todo el pueblo K'iche'.

Allí en el Este la gente se multiplicó. Allí en el Este el pueblo K'iche' tuvo sus comienzos, con estos antepasados.

La tierra y el cielo habían sido creados, y la tierra separada de las aguas. Las bestias y los pájaros habían sido creados. Se habían encontrado muchas clases de buena comida, y se crearon nuevas personas que podían hablar, moverse, trabajar y mantener sagrados los días sagrados de los dioses. Pero aún así, el sol, la luna y las estrellas no se habían levantado, y toda la creación estaba en la oscuridad. Toda la creación esperaba el amanecer del sol.

Cuando llegó el momento, la Lucero del alba apareció brillando. La gente, los pájaros y las bestias la vieron en el cielo. Fue entonces cuando todas las criaturas supieron que el sol seguramente saldría. Y así, la gente esperó, y miró, y cuando vio la luz del sol comenzar a brillar en el Este, se regocijó enormemente. Prepararon ofrendas de incienso de copal, y lloraron mientras quemaban el incienso en agradecimiento por la salida del sol. En este momento, el número de personas se había hecho muy grande, y todas las tribus juntas alababan la salida del sol.

Los pájaros y las bestias también vieron el sol. Salieron de los cañones y subieron a las cimas de las montañas para ver esta nueva cosa, y como la gente, las aves y las bestias también se regocijaron. Viendo salir el sol, las bestias y los pájaros gritaron, cada uno según su especie. El jaguar rugió. El loro graznó. Los pájaros subieron al cielo, volando con gran felicidad.

El sol era muy grande y muy caliente, y secó la tierra al salir. En ese primer amanecer, todas las criaturas del mundo vieron el sol como realmente es; lo vieron en toda su grandeza y esplendor, y en todo su insoportable calor. Pero desde entonces el sol ha disminuido, para no dañar a las criaturas ni dominar la tierra.

Sobre esa montaña, el pueblo hizo su hogar, ese lugar sagrado desde el que vieron el primer amanecer, y desde el que vieron por primera vez la luna y las estrellas.

Y esa es la historia de cómo el mundo llegó a ser, con las bestias y los pájaros y la gente que vive en él.

El cuento de la creación de los *Libros de Chilam Balam*

Varios de los nueve libros del Chilam Balam *que existen hoy en día contienen versiones relacionadas de un cuento de la creación. Es en los mitos de la creación del* Chilam Balam *donde vemos algo de la diversidad de las creencias religiosas mayas: la historia yucateca de cómo se hizo el mundo es bastante diferente de la del K'iche'* Popol Vuh. *Por ejemplo, aunque tanto el concepto yucateco como el k'iche' de divinidad incluyen dioses multipartitos que parecen existir simultáneamente como una entidad única y unitaria, los dioses creadores primarios de estas dos tradiciones son diferentes. En el mito yucateco, la creación es llevada a cabo por entidades conocidas colectivamente como* Oxlahun-ti-ku *(Los Trece Dioses) y* Bolon-ti-ku *(Los Nueve Dioses), que parecen haber sido dioses de los cielos y del inframundo, respectivamente, y por deidades conocidas como los Cuatro Bacabes. Los K'iche', por el contrario, veían el proceso de creación como supervisado por una variedad de dioses tanto únicos como multipartitos, incluyendo el Corazón del Cielo (una trinidad) y la Serpiente Emplumada (una unidad).*

Dos términos técnicos de esta historia requieren una explicación. El primero es la frase "Katun 11 Ahau", que es una referencia calendárica. Un katun *es un lapso de aproximadamente 20 años en el calendario de la Cuenta Larga Maya;* 11 Ahau *designa a qué katun se refiere. El otro término es "Petén", una palabra maya que se refiere a la tierra habitada por los mayas en la península de Yucatán. Estos dos elementos ubican la historia tanto en el lugar como en el tiempo.*

Al leer el mito de la creación yucateca que se presenta a continuación, es importante señalar que las convenciones mayas de la mitografía y la narración de historias difieren de las que la mayoría de los lectores occidentales estarán familiarizados. Estos mitos no fueron contados y registrados para los lectores occidentales: fueron hechos para los mayas, quienes sin duda los consideraron muy significativos y suficientes en sí mismos, y cuyas tradiciones y cultura habrían informado su comprensión de la historia.

Algunos traductores y editores de los libros de Chilam Balam *presentan los textos en prosa, mientras que otros los presentan en forma poética. Yo elijo presentar este mito como poesía, ya que la poesía tiene un sabor y un ritmo que parece más adecuado para la historia que la prosa. Aunque aquí combino varias versiones relacionadas del mito de la creación yucateca en una sola historia, en general no traté de suavizar las aparentes discrepancias, ya sea de eventos o de tiempo, que existen en el original.*

En el principio

estaba Oxlahun-ti-ku, Los Trece Dioses.

Estaba Bolon-ti-ku, Los Nueve Dioses.

Estaba Itzam Cab Ain, el Gran Cocodrilo de la Tierra.

Estaba Itzam Cab Ain,

cuyo cuerpo se convirtió en la tierra,

cuyo cuerpo se convirtió en el Petén,

cuyo cuerpo se convirtió en la tierra en la que vive la gente.

Después de la gran inundación,

después del gran diluvio que lo destruyó todo,

antes de que todo se hiciera de nuevo.

Fue en Katun 11 Ahau

que Ah Musen Cab salió.

Ah Musen Cab,

el Señor de las Abejas,

salió.

Vino a Oxlahun-ti-ku,

Ah Musen Cab tomó a Oxlahun-ti-ku,

tomó a los Trece Dioses

y le vendaron los ojos.

Y los Trece Dioses no sabían su nombre.

Esto sucedió después de que el mundo ya estaba hecho,

pero antes de que fuera arrasada y creada de nuevo.

Oxlahun-ti-ku tenía los ojos vendados,

y entonces fue capturado por Bolon-ti-ku.

El Señor de los Cielos tenía los ojos vendados,
indefenso.
Y el fuego bajó.
Y las cuerdas cayeron.
Y cayeron piedras y árboles.
Y el Señor del Inframundo
vino al que tenía los ojos vendados.
Bolon-ti-ku lo golpeó.
Golpeó a Oxlahun-ti-ku en la cabeza,
lo hirió en la cabeza,
lo golpeó en la cara,
le escupió,
Ató a Oxlahun-ti-ku
y lo puso de espaldas,
indefenso.
Bolon-ti-ku tomó sus ropas.
El Señor del Inframundo
Tomó el cetro del Señor de los Cielos,
se llevó sus cenizas,
la ceniza que marca la cara de uno
que está en ayunas,
que está siendo purificado,
que está siendo consagrado.
Cuando Oxlahun-ti-ku fue libre,
cuando se liberó de sus ataduras,
tomó brotes verdes,
los brotes del árbol de *yaxum*.

Tomó semillas,
semillas de calabaza,
semillas y frijoles,
y los envolvió en el cuerpo de Bolon Dz'acab,
en el cuerpo del Señor de las Nueve Generaciones.
Oxlahun-ti-ku envolvió las semillas,
y luego ascendió al decimotercer cielo.
Cuando Oxlahun-ti-ku ascendió,
en la tierra solo quedaban las cáscaras,
en la tierra solo quedaban las mazorcas de maíz.
El corazón de la tierra,
el corazón de la gente se había ido
debido al ascenso de Oxlahun-ti-ku,
pero el pueblo estaba en la ignorancia.
La gente estaba viva en la tierra,
pero no tenían corazón.
La gente estaba viva en la tierra,
pero no tenían padres,
no tenían maridos,
no tenían corazón,
y así todos fueron destruidos,
juntos fueron todos destruidos.
Fueron enterrados por la arena,
se ahogaron en las olas,
las olas del mar.
Cuando la insignia de los Trece Dioses fue tomada,
cuando le robaron su cetro

cuando le robaron sus cenizas,

la ceniza para la penitencia

y para la consagración,

fue entonces cuando llegaron las inundaciones.

Fue entonces que el cielo se cayó.

Fue entonces cuando los Cuatro Bacabes aparecieron,

fue entonces cuando los Cuatro Bacabs destruyeron el mundo

y lo rehicieron de nuevo.

Los Cuatro Bacabs plantaron cuatro poderosos árboles,

cuatro poderosos árboles en los rincones del mundo,

cuatro poderosos árboles en las esquinas del Petén.

Un árbol rojo para el Este,

un árbol blanco para el Norte,

un árbol negro para el Oeste,

un árbol amarillo para el Sur,

árboles de la abundancia,

árboles para el anidamiento de las aves,

árboles para sostener los cielos.

Y cuando se plantaron los Árboles de las Cuatro Esquinas,

los Bacabs fueron al centro del mundo.

Fueron al centro del Petén,

y allí plantaron un gran árbol verde,

el árbol verde de la abundancia,

el Árbol del Mundo

que registra la destrucción del mundo.

Y así fue

después de que los Árboles fueron establecidos

que la Lucero del alba
y la estrella vespertina
se colocaron en sus lugares.
La luz rosada del amanecer en el Este
y la luz del atardecer en el Oeste se desvanece
se colocaron en sus lugares.
Y Lahun Chan que es el Décimo Cielo
es la estrella vespertina,
y está en el Oeste.
Y Lahun Chan que es el Décimo Cielo
es la Estrella del Albra,
y está en el Este.
Entonces fue cuando Ah Uuc Cheknal apareció,
que el que fertiliza el maíz siete veces se presentó,
salió a las siete partes del mundo,
fue a Itzam Cab Ain,
y fue entonces cuando los cielos tocaron la tierra,
Fue entonces cuando Itzam Cab Ain se hizo fértil,
que la tierra se hizo fecunda.
En ese momento no había ni día ni noche.
En ese momento todo estaba en la oscuridad.
En ese momento no había ni sol, ni luna, ni estrellas,
pero entonces el mundo comenzó a ser creado.
Vieron que el mundo estaba siendo creado,
¡y mira! Había un amanecer,
y el mundo se hizo de nuevo.

PARTE II: LAS AVENTURAS DE LOS GEMELOS HÉROES

La caída de Siete Guacamayo

La historia de la caída de Siete Guacamayo es la primera de las historias de los héroes gemelos, Hunahpú e Ixbalanqué, en el Popol Vuh. *En esta historia, los gemelos son más listos y derrotan a un ser presumido que se atreve a creerse más grande que el sol. Los gemelos héroes, como sirvientes del dios trino Corazón del Cielo, tienen la tarea de poner a Siete Guacamayo en su lugar. Esto es importante no solo porque Corazón del Cielo lo requiere, sino porque Hunahpú e Ixbalanqué están destinados a convertirse en el sol y la luna, como vemos en la historia de sus batallas con los señores de la Muerte en una historia posterior, y no es correcto que Siete guacamayo usurpen su posición.*

Los nombres de los gemelos, Hunahpú e Ixbalanqué, son difíciles de traducir. En su traducción del Popol Vuh, *Allen Christenson afirma que "Hunahpú" puede ser traducido como "Un cazador de cerbatanas". Christenson señala que "Ixbalanqué" es bastante más difícil de traducir. Dice que el prefijo* x- *puede ser un afijo diminuto o una indicación de género femenino, mientras que* balan *es probablemente la misma palabra que* balam, *que significa "jaguar", y* q'e significa "sol" en un dialecto Maya Kekchi. También señala que los mayas "identificaban al jaguar con el sol, particularmente en su viaje a través del inframundo por la noche" (p. 81, n. 164). Por lo tanto, Christenson sugiere la traducción "Joven Oculto/Sol Jaguar" para este nombre, y señala que es especialmente apto dada la entrada de los gemelos héroes en Xibalbá, el inframundo maya, en una historia posterior en el Popol Vuh.

En la época de los pueblos hechos de madera, en la época en que fueron destruidos en el gran diluvio, y en la época anterior a la salida del sol y la luna y las estrellas, había un ser llamado Siete Guacamayo. Y aunque no había luz del sol, la luna o las estrellas, había una luz de Siete Guacamayo, porque era un gran ser.

Pero Siete Guacamayo estaba demasiado orgulloso de su grandeza. Se jactaba largo y tendido de lo grande que era. Dijo—: ¿Qué necesidad tienen los habitantes del sol y la luna? Puedo hacer toda la luz que necesitan, porque soy realmente grande. Tengo ojos hechos de brillantes joyas. Tengo dientes hechos de brillantes joyas. Mi nido está hecho de metal brillante. Mis plumas están hechas de metal brillante. Mi grandeza brilla en toda la tierra —y así, se hinchó y se jactó de su grandeza, aunque no podía ver el mundo entero sino solo el horizonte.

En ese momento también había dos chicos, gemelos llamados Hunahpú e Ixbalanqué, y ambos eran dioses. Vieron cómo Siete Guacamayo se hinchaba. Escucharon cómo se jactaba de su grandeza. Los gemelos se dijeron—: No es bueno que Siete Guacamayo se jacte así. No es bueno que se alabe a sí mismo tan fuerte ante Corazón del Cielo. La gente no podrá ser creada, ni podrá vivir en la tierra, con Siete Guacamayo haciendo lo que él hace. La gente no puede vivir correctamente donde las joyas y los metales preciosos son las cosas más importantes. Tomemos nuestras cerbatanas y pongamos fin a Siete Guacamayo, a toda su jactancia y todas sus riquezas.

Y así, los gemelos tomaron sus cerbatanas y salieron a buscar a Siete Guacamayo para acabar con él.

Ahora, Siete Guacamayo tenía dos hijos propios, y estos eran Zipacná y Cabracán. Y Siete Guacamayo también tenía una esposa, llamada Chimalmat, que era la madre de sus hijos. Zipacná hacía grandes montañas, y Cabracán, cuyo nombre significa "terremoto", las sacudía. Zipacná y Cabracán tenían la misma falta de orgullo que su padre.

Siete Guacamayo dijo—: ¡Soy grande! ¡Soy el sol!

Zipacná dijo—: ¡Soy grande! ¡Yo hago las montañas!

Cabracán dijo—: ¡Soy grande! ¡Hago que el cielo tiemble y que las montañas se derrumben!

Hunahpú e Ixbalanqué vieron cómo Zipacná y Cabracán se jactaban, al igual que su padre. Los gemelos vieron que esto era malvado y juraron que también acabarían con los hijos de Siete Guacamayo.

La comida favorita de Siete Guacamayo era la fruta nance. Todos los días, iba al árbol Nance y se sentaba en las ramas para comer la fruta. Hunahpú e Ixbalanqué descubrieron dónde le gustaba a Siete Guacamayo comer su comida. Llegaron antes que él y lo esperaron. Cuando Siete Guacamayo subió al árbol y empezó a comer, Hunahpú tomó su cerbatana y le disparó a Siete Guacamayo. El dardo entró en la mandíbula de Siete Guacamayo y su fuerza lo hizo caer del árbol. Hunahpú se acercó corriendo a Siete Guacamayo, pensando en agarrarlo. Pero en lugar de eso, Siete Guacamayo agarró a Hunahpú por el brazo y lo dobló hacia atrás, atrás, atrás. Siete Guacamayo tiró y tiró. Le arrancó el brazo a Hunahpú de su cavidad y luego huyó a casa, llevando el brazo de Hunahpú con él.

Cuando Siete Guacamayo llegó a casa, su esposa Chimalmat dijo—: ¿Qué te pasó? ¿Qué le pasa a tu mandíbula? ¿Y qué es lo que llevas?

Siete Guacamayo respondió—: Estaba en el árbol de nance comiendo cuando dos demonios me dispararon. Me dispararon en la mandíbula, y ahora está todo roto, mis dientes están todos rotos, y me duele. Pero me defendí. Le arranqué el brazo a uno de ellos de su cavidad. Lo colgaré sobre la chimenea hasta que decidan venir a recuperarlo —luego tomó el brazo de Hunahpú y lo colgó sobre la chimenea, como dijo que haría.

Después de que Siete Guacamayo se fuera con el brazo de Hunahpú, los gemelos pensaron en lo que debían hacer a continuación. Decidieron que necesitaban recuperar el brazo de Hunahpú. También sabían que necesitarían ayuda para hacerlo. Hunahpú e Ixbalanqué fueron a buscar a un abuelo muy viejo de pelo blanco y una abuela muy humilde. El nombre del abuelo era Gran Pecarí Blanco. El nombre de la abuela era Gran Tapir Blanco. Ambos eran muy, muy viejos.

Hunahpú e Ixbalanqué pidieron ayuda a la abuela y al abuelo. Los gemelos dijeron—: Vamos a recuperar el brazo de Hunahpú de Siete Guacamayo. Le dirán a Siete Guacamayo que somos sus nietos y que su trabajo es curar a la gente del dolor de muelas. Así engañaremos a Siete Guacamayo para que piensen que somos meros niños.

Los abuelos acordaron ayudar a los gemelos y hacer lo que dijeron.

Y así Hunahpú e Ixbalanqué salieron a la casa de Siete Guacamayo con la abuela y el abuelo. Los viejos se pusieron al frente. Los gemelos fueron detrás, jugando y corriendo como si fueran niños. Llegaron a la casa de Siete Guacamayo, donde Siete Guacamayo lloraba en voz alta con dolor de dientes y mandíbula. Siete Guacamayo vio a los abuelos y a los gemelos y les dijo—: ¿Adónde van? ¿Son esos tus hijos?

El abuelo dijo—: Viajamos y ejercemos nuestro oficio, mi señor. Y estos son nuestros nietos. Lamentablemente, sus padres han muerto y debemos cuidarlos.

Luchando contra el dolor de su boca, Siete Guacamayo dijo—: ¡Tengan piedad de mí, ayúdenme! Tal vez conozcan alguna forma de curar el dolor de mi mandíbula, de curar lo que está mal en mis ojos. ¿Pueden ayudarme?

—Sacamos dientes podridos, mi señor —dijeron los abuelos—, y curamos enfermedades de los ojos y ponemos huesos. Sí, podemos ayudarte.

—Oh, por favor, por favor curen mi boca —dijo Siete Guacamayo—. Curen mi mandíbula. Arreglen mis dientes sueltos. Me duelen tanto que no puedo comer. No puedo dormir. Curen también mis ojos. Me dispararon dos demonios, ¡y cómo he sufrido desde entonces!

—Ah —dijeron los abuelos—. Tendremos que quitar los dientes sueltos para curarlos. Esa es la forma de curar los males de tu boca.

Siete Guacamayo dijo—: No quiero que me saquen los dientes. Todos están hechos de joyas preciosas. Y no me veré tan bien sin dientes en mi boca.

—No tenga miedo, mi señor —dijeron los abuelos—. Te daremos dientes de reemplazo, aunque sean de hueso molido.

—Hagan lo que deban—dijo Siete Guacamayo—, pero asegúrense de darme nuevos dientes de reemplazo.

Los abuelos le sacaron todos los dientes a Siete Guacamayo, cada uno de ellos una joya preciosa. Y luego colocaron los dientes de reemplazo en su boca. Pero aquí lo engañaron, porque los dientes no eran de hueso, como habían dicho, sino de granos de maíz blanco. Entonces los abuelos curaron los ojos de Siete Guacamayo. Le quitaron de los ojos todas las joyas y metales preciosos que habían estado allí. Le quitaron todas las cosas que lo habían hecho hermoso y orgulloso. Y entonces el dolor de Siete Guacamayo desapareció, pero ya no se veía bien y señorial, y murió de vergüenza, y su esposa Chimalmat murió con él.

Entonces los abuelos tomaron el brazo de Hunahpú del lugar donde lo había colgado Siete Guacamayo y lo volvieron a unir. Muy pronto, Hunahpú quedó como nuevo.

Y así fue como Hunahpú e Ixbalanqué hicieron la voluntad de Corazón de Cielo. Provocaron la caída de Siete Guacamayo, cuyo orgullo lo había vuelto malvado.

La caída de Zipacná

En su traducción del Popol Vuh, Allen Christensen *señala el significado ritual y cultural del dintel de las casas en la cultura maya. Según Christensen, los mayas consideran que los dinteles de las casas tienen un gran poder, y que la transgresión de Zipacná fue tomar un poderoso objeto ritual por sí mismo sin permiso y sin haber sido preparado ritualmente primero para hacerlo. Esto es lo que lleva a los cuatrocientos chicos a condenarlo a muerte, y da a los gemelos héroes una razón legítima para matarlo.*

Christensen también señala que el nombre de Zipacná podría haber derivado de cipactli, *la palabra náhuatl para "cocodrilo". Si es así, afirma Christensen, entonces Zipacná es en sí mismo un cocodrilo. Dado que los cocodrilos no son particularmente móviles cuando están de espaldas, parte del truco de los gemelos héroes contra Zipacná consiste en ponerlo de espaldas, una posición en la que es vulnerable a pesar de su gran fuerza.*

Zipacná era el hijo de Siete Guacamayo. Zipacná era un creador de montañas, y un gigante muy fuerte. Un día, Zipacná se estaba bañando en el río cuando un grupo de cuatrocientos chicos pasó, arrastrando con ellos el tronco de un gran árbol. Era un trabajo duro para los chicos, ya que el tronco era muy grande y muy pesado.

Zipacná los llamó. Les dijo—: ¿Qué están haciendo? ¿Por qué llevan ese árbol?

Los chicos respondieron—: Hemos cortado este árbol para hacer un dintel para ponerlo en la puerta de nuestra casa. Pero es tan pesado que no podemos levantarlo. No podemos cargarlo.

Zipacná dijo—: Déjame ayudarles —y tomó el gran tronco del árbol sobre sus hombros y lo llevó al lugar donde los chicos estaban construyendo su casa. Zipacná les ayudó a poner el dintel en su casa.

Cuando terminaron, los chicos dijeron—: ¿Tienes madre o padre?

—No tengo ninguno de los dos —dijo Zipacná, porque tanto Siete Guacamayo, su padre, como Chimalmat, su madre, habían muerto.

—Entonces quédate con nosotros —dijeron los chicos—, y puedes ayudarnos a conseguir otro árbol para usar en la construcción de nuestra casa.

Así que Zipacná aceptó quedarse con los chicos y ayudarles a conseguir otro árbol. Pero a espaldas de Zipacná, los chicos conspiraron contra él—. ¿Quién se cree que es, levantando nuestro tronco así él solo? Deberíamos matarlo.

Los chicos decidieron cavar un gran agujero y pedirle a Zipacná que se metiera en él. Luego le tirarían el árbol en la cabeza y lo matarían con él. Cuando terminaron de cavar el agujero, fueron a Zipacná y le dijeron—: Necesitamos que este agujero sea más profundo, pero no podemos hacer ese trabajo nosotros solos. ¿Lo harás por nosotros?

Zipacná accedió a cavar—. Llámanos cuando hayas cavado lo suficiente —dijeron los muchachos, y lo dejaron con su trabajo, pensando que tirarían el tronco cuando Zipacná llamara. Pero Zipacná había oído los planes de los muchachos. Sabía que tenían la intención de matarlo. Así que en lugar de cavar, cavó a un costado del agujero. Cavó una pequeña cámara para esconderse, para salvarse cuando los chicos intentaran matarlo.

Los chicos vinieron al agujero y dijeron—: ¿Ya terminaste de cavar?

Zipacná respondió—: Todavía no. Les llamaré cuando el agujero sea lo suficientemente profundo.

Zipacná siguió cavando hasta que hizo una cámara lo suficientemente grande para esconderse. Luego entró en la cámara y llamó a los muchachos—. ¡El agujero es lo suficientemente profundo! Por favor, ayúdame a quitar toda la tierra que he cavado. ¡Deberían ver cuán profundo he cavado!

Los chicos escucharon la llamada de Zipacná. Tomaron el gran árbol y lo arrastraron hasta el borde del agujero. Inclinaron el árbol hacia dentro del agujero. Cayó, golpeando el fondo con un poderoso golpe. Y cuando el árbol tocó el fondo del agujero, Zipacná gritó como en agonía.

—¡Ja! ¡Está muerto!—dijeron los chicos, y bailaron con alegría por su victoria—. Es bueno que lo hayamos matado—se dijeron unos a otros—, porque era demasiado fuerte, y podría haber intentado gobernarnos sin nuestro consentimiento.

Entonces los chicos decidieron que harían un buen licor para beber, que lo harían durante tres días, y que durante los tres días, comprobarían que el gigante estuviera realmente muerto. Sabrían que estaría muerto cuando las hormigas comenzaran a reunirse en el agujero. Cuando la bebida estuviera lista, y las hormigas se hubieran reunido, y estuvieran seguros de que Zipacná estaba muerto, celebrarían una gran fiesta.

Zipacná se sentó en la cámara que había cavado, y desde ese agujero en la tierra, escuchó todos los planes de los chicos. Sabía que tenía que convencerlos de que estaba muerto. Se cortó las uñas. Se cortó el pelo. Las hormigas bajaron por el agujero y encontraron el pelo y los recortes de las uñas. Los tomaron y comenzaron a llevarlos a su nido.

Después de tres días, los chicos fueron al agujero y vieron a las hormigas llevando trozos de las uñas y el pelo de Zipacná. Dijeron—: ¡Seguramente el gigante está muerto! ¿Ven? Las hormigas están llevando sus uñas y su pelo. Ahora podemos tener nuestra celebración.

Los chicos entraron en su casa y bebieron su licor dulce hasta que se emborracharon. Cuando Zipacná estuvo seguro de que estaban tan borrachos que no le oyeron llegar, salió del agujero y les derribó la casa sobre sus cabezas, matándolos a todos. Ninguno de los cuatrocientos chicos sobrevivió. Fueron llevados a los cielos y se convirtieron en la constelación llamada Motz (Pléyades).

Ahora, pronto llegó a oídos de Hunahpú e Ixbalanqué que Zipacná había matado a los cuatrocientos niños. Esto hizo que los gemelos se enfadaran mucho, ya que los chicos habían sido sus amigos. Juraron vengarse de Zipacná por su acción. Los gemelos sabían que durante el día, Zipacná estaría en el río pescando peces y cangrejos, mientras que por la noche andaba llevando montañas de un lugar a otro. Los gemelos juraron que lo engañarían usando su amor por la carne de cangrejo. Tomaron algunas hojas y flores de la planta bromelia y las usaron para hacer las patas y garras, mientras que una gran piedra se convirtió en el cuerpo. Los gemelos escondieron el falso cangrejo en una cueva que estaba bajo una montaña llamada Meauan. Luego fueron a buscar a Zipacná.

Los gemelos fueron a lo largo del río, adivinando que este era el lugar más probable en el que el gigante estaría durante el día, y pronto lo encontraron allí, pescando cangrejo como era su costumbre—. ¿Qué estás haciendo allí?—le preguntaron.

Zipacná respondió—: Estoy pescando cangrejos para comer.

—¿Has cogido alguno?—dijeron los gemelos.

—No—dijo Zipacná—. No he tenido suerte durante días, y estoy hambriento.

—¡Oh!—dijeron los gemelos—. Oh, sabemos dónde hay un gran cangrejo que podrías comer. Lo vimos hace poco, en una cueva no muy lejos de aquí. Intentamos atraparlo, pero sus garras eran demasiado fuertes y tuvimos que dejarlo ir. Pero tú pareces un tipo muy fuerte; tal vez podrías atrapar el cangrejo.

—¡Sí!—dijo Zipacná—. ¡Podría atrapar un gran cangrejo como ese con facilidad! Por favor, muéstrenme cómo llegar a la cueva.

—Tenemos otros asuntos que atender y no podemos mostrarte—dijeron los gemelos—, pero si sigues el río hacia el oeste hasta la base de esa montaña de allí, encontrarás la cueva muy fácilmente. El cangrejo es bastante grande, así que no deberías tener dificultad para encontrarlo.

—¡Oh, por favor, por favor, muéstrenme el camino!—gritó Zipacná—. ¿Y si me pierdo y no puedo encontrar la cueva? No he comido en mucho tiempo, estoy muy débil. Además, si vienen conmigo, tal vez encuentren pájaros a los que disparar con sus cerbatanas por el camino, y entonces todos tendremos algo bueno que comer hoy.

Cuando los chicos vieron lo desesperado que estaba Zipacná, acordaron llevarlo a la cueva. Juntos los tres caminaron hacia el oeste a lo largo del río hasta que llegaron al lugar donde los gemelos habían escondido el falso cangrejo. Zipacná vio las garras que se veían cerca de la boca de la cueva. Se acostó sobre su estómago para entrar, ya que la boca de la cueva era muy estrecha. Se arrastró hacia adelante de cabeza, pero el falso cangrejo se alejó y no pudo atraparlo. Zipacná salió de la cueva con las manos vacías.

—¿No atrapaste el cangrejo?—preguntaron los gemelos.

—No, se alejó cuando me acerqué—dijo Zipacná.

—Tal vez si te metes de espaldas tengas mejor suerte—dijeron los gemelos.

—Sí, es una buena idea—dijo Zipacná—. Intentaré hacerlo.

Zipacná se acostó de espaldas y se metió en la boca de la cueva. Se contorsionó hasta los hombros y luego hasta la cintura. Pero cuando llegó hasta las rodillas, la montaña se asentó sobre él y no pudo salir. Y de esta manera, Hunahpú e Ixbalanqué acabaron con Zipacná, hijo de Siete Guacamayo, allí en el oeste del mundo.

La caída de Cabracán

Guatemala forma parte del cinturón de Fuego del Pacífico, y su cordillera occidental y su llanura suroeste están salpicadas de volcanes. Por lo tanto, Guatemala experimenta frecuentes terremotos, por lo que no es sorprendente que los mayas hayan creado un mito en torno a esos espantosos y potencialmente destructivos eventos naturales.

La historia de la caída de Cabracán, cuyo nombre es la palabra maya para "terremoto", es una combinación de un cuento con moraleja contra el orgullo excesivo y un cuento con truco. También puede ser una especie de historia justa, ya que según Allen Christensen, los mayas aún hoy en día conceptualizan los terremotos como la paliza de un gigante que está enterrado bajo tierra.

Cabracán fue el segundo hijo del orgulloso Siete Guacamayo—. ¡Soy el más fuerte!—proclamaba Cabracán—. ¡Sacudo las mismas montañas! ¡Las hago caer!

Corazón del Cielo miró desde el cielo y vio a Cabracán derribando montañas y presumiendo de ello—. Esto no está bien —dijo Corazón de Cielo—. Esta fanfarronería es muy mala. Está tratando de parecer que es aún más grande que el sol. Tendré que hacer algo al respecto.

Y así, Corazón del Cielo fue a los gemelos héroes, Hunahpú e Ixbalanqué. Les dijo a los gemelos que Cabracán se había vuelto tan orgulloso que debía ser asesinado—. Cabracán cree que es más importante incluso que el sol —dijo Corazón del Cielo a los gemelos—, y por eso deben acabar con él. Llévenlo al este, donde sale el sol, y ocúpense de él allí.

—Haremos esto, oh Corazón del Cielo—dijeron los gemelos—, porque también desaprobamos su comportamiento jactancioso, y es nuestro deber hacer tu voluntad.

Hunahpú e Ixbalanqué fueron a buscar a Cabracán. Pronto lo encontraron, bajando las montañas como era su costumbre. Cabracán era tan poderoso que todo lo que necesitaba hacer era dar un golpecito con el pie y se derrumbaría la montaña; no quedaría nada más que escombros y polvo.

Los gemelos le dijeron a Cabracán—: ¿A dónde vas?

Cabracán dijo—: No voy a ninguna parte. Estoy derribando montañas, convirtiéndolas en escombros y polvo. Eso es lo que me gusta hacer.

Entonces Cabracán miró de cerca a los gemelos—. Creo que no les he visto antes. ¿De dónde son? ¿Cómo se llaman?

—No tenemos nombres—dijeron los gemelos—. Somos simplemente pobres cazadores. Vagamos por las montañas con nuestras cerbatanas buscando caza. Pero si buscas montañas para aplastar, tal vez deberías ir allí. Vimos una gran montaña allí, tan grande que se alza sobre todas las demás. Intentamos e intentamos atrapar pájaros en esa montaña, pero no tuvimos suerte. ¿Realmente derribas montañas?

—Sí, ciertamente lo hago—dijo Cabracán—. Pero cuéntenme más de esta montaña. No veo cómo pude haberme perdido una tan grande.

—Está al este—dijeron los gemelos.

—Llévenme allí—dijo Cabracán.

Y así, se pusieron en camino juntos, con Cabracán en el medio y un gemelo a cada lado de él. Mientras caminaban, los gemelos cazaban pájaros con sus cerbatanas. Las armas no tenían perdigones. Todo lo que los gemelos tenían que hacer era apuntar el arma a un pájaro y soplar, y el pájaro caería muerto. Cabracán observó a los gemelos, y se maravilló de cómo podían matar a los pájaros con solo la fuerza de su aliento.

Cuando los chicos habían matado suficientes pájaros, se detuvieron para cocinarlos y comerlos. Los chicos hicieron un fuego, y comenzaron a asar algunos de los pájaros en un asador. Dejaron un pájaro a un lado. A este lo cubrieron con tierra, para usarlo para engañar a Cabracán. Dijeron—: Cuando tenga hambre, le daremos este para que lo coma. Cuando coma el pájaro cubierto de tierra, lo debilitará y podremos derrotarlo. Cabracán será enterrado en la tierra, así como el pájaro que come se enterrará dentro de él.

Después de un tiempo, el rico aroma de pájaro asado llenó el aire. Las pieles de los pájaros se volvieron marrón dorado. La rica grasa goteaba en el fuego y chisporroteaba, arrojando un humo fragante. Cabracán olió la bondad de los pájaros asados. Se puso muy hambriento, y se le hizo la boca agua—. ¿Qué es esto que están cocinando?—dijo—. Huele tan bien; déjenme comer un poco.

—Por supuesto—dijeron los gemelos, y le entregaron el pájaro que habían untado con tierra.

El gigante estaba tan hambriento que se tragó el pájaro de un solo bocado. Ni siquiera se dio cuenta de que estaba cubierto de tierra. Se comió el pájaro, la tierra, las plumas, la carne, los huesos y todo lo demás.

Cuando los tres terminaron de comer, continuaron su viaje hacia el este. Cabracán se sintió extraño. Sus miembros se sentían cansados y débiles. No podía entender lo que estaba pasando. El pájaro encantado cubierto de tierra estaba haciendo su trabajo. Pronto llegaron a la montaña.

—¡Ahí está!—dijeron los gemelos—. ¡Derrumba la montaña!

Cabracán trató de sacudir la montaña, pero no pudo hacer nada. Estaba tan débil que se hundió en el suelo. Los gemelos agarraron a Cabracán y le ataron las manos a la espalda. También le ataron los tobillos. Entonces los gemelos cavaron una gran fosa. Echaron a Cabracán dentro de ella, y llenaron la fosa con tierra, y allí el gigante murió. Y así Cabracán, el hijo de Siete Guacamayo, fue derribado por los gemelos héroes, Hunahpú e Ixbalanqué, allí al Este del mundo.

La historia de los gemelos héroes

Además de las tres historias de las victorias de los gemelos héroes sobre Siete Guacamayo y sus hijos, el Popol Vuh *contiene un extenso relato de la paternidad de los gemelos y sus hazañas en Xibalbá, el inframundo maya. Que los gemelos son seres divinos está atestiguado no solo por sus poderes sobrehumanos sino también por su relación de sangre con varias deidades mayas, y por la naturaleza inusual de su concepción.*

El padre de Hunahpú e Ixbalanqué es Un Hunahpú, hijo de Xmucané, la Abuela de la Luz y una de las deidades involucradas en la creación del mundo, como vimos anteriormente. Su madre es Dama Sangre, que es la hija de Sangre Acumulada, uno de los señores del Inframundo. Los gemelos son concebidos cuando la cabeza de Un Hunahpú, que ha sido asesinado, derrama saliva en la mano de la Dama Sangre. Por lo tanto, la historia maya comparte con muchas otras tradiciones, incluyendo las de los aztecas y los antiguos irlandeses, la idea de que los seres divinos pueden ser concebidos sin coito.

El juego de pelota sagrado, que los mayas llamaban pitz *y los aztecas conocían como* tlatchtli, *juega un papel central en la mayor parte de las historias de Hunahpú e Ixbalanqué, y era una característica importante de la vida social y ritual de Mesoamérica. Este juego, que consistía en jugar en una cancha en forma de I con paredes elevadas, utilizaba una pelota de goma sólida que los jugadores debían golpear con sus caderas, rodillas o codos a través de un aro de piedra que se fijaba en las paredes de los lados largos de la cancha.*

Los gemelos encarnan algunos de los rasgos más comunes de los héroes divinos. Son prodigiosamente fuertes, hábiles, inteligentes y pueden hacer cierta cantidad de magia. Pueden hablar con los animales y entender lo que los animales les dicen. También son magníficos embaucadores: no solo logran salir de los apuros que fueron la perdición de sus propios mayores, sino también derrotar a los señores de la Muerte por medio de un truco.

Un Hunahpú y Siete Hunahpú en Xibalbá

Hemos oído hablar de las grandes hazañas de Hunahpú e Ixbalanqué, y cómo derrotaron al presumido Siete Guacamayo y sus hijos, Zipacná y Cabracán. Y ahora veremos las hazañas de su padre, y de cómo nacieron Hunahpú e Ixbalanqué, y de las hazañas de los gemelos y su padre en Xibalbá, que es el Inframundo, la Tierra de la Muerte.

Había dos hermanos, Un Hunahpú y Siete Hunahpú, y eran los hijos de Xmucané, la Abuela de la Luz, que ayudó a la creación de la humanidad. Un Hunahpú fue el padre de Hunahpú e Ixbalanqué, pero también tuvo otros dos hijos, llamados Un Batz y Un Chouen, que significan Un Mono y Un Artesano, y estos nacieron mucho antes que los gemelos héroes. La esposa de uno de ellos se llamaba Xbaquiyalo, que significa Mujer Garza, pero murió muy pronto.

Siete Hunahpú no tenían esposa, pero vivían con su hermano como compañero y sirviente. Tanto Un Hunahpú como Siete Hunahpú eran sabios y conocedores. Eran hombres de buen corazón, videntes que podían predecir el futuro. Enseñaron todo lo que sabían a Un Mono y a Un Artesano, y así los chicos tocaban bien la flauta y cantaban con voces dulces. Sabían cómo hacer cosas hermosas con jade, plata y oro. Escribían bien, y podían esculpir en piedra.

A Un Hunahpú y a Siete Hunahpú les gustaba pasar sus días jugando a los dados y al juego de pelota sagrado. Cada día bajaban al campo de juego para practicar. A veces Un Mono y Un Artesano se unían a su padre y a su tío, y juntos los cuatro jugaban un juego tras otro. Eran todos muy hábiles jugadores de pelota. En los momentos en que todos jugaban juntos, Voc, el Halcón, que es el mensajero de Corazón del Cielo, venía a verlos.

Ahora, el campo de juego de Un Hunahpú y Siete Hunahpú estaba directamente sobre el camino a Xibalbá. Cada vez que los hombres y los gemelos jugaban a la pelota, el golpeteo de sus pies y el golpeteo de la pelota contra el suelo, las paredes y los cuerpos resonaban en los pasillos del Inframundo. Un día, los hermanos y los gemelos jugaron un juego de pelota muy duro. Los golpes y choques fueron aún más fuertes que de costumbre mientras intentaban derrotarse entre ellos. Era tan ruidoso y tan perturbador que los señores de Xibalbá, Un Muerte y Siete Muerte, se dijeron el uno al otro—: ¿Qué es todo ese alboroto que hacen allí? Esto es tan irrespetuoso. No deberían hacer tanto ruido. Les mostraremos lo que significa respetar a los señores de Xibalbá. Los invitaremos a jugar ese ruidoso juego aquí abajo. Les mostraremos quiénes son los mejores jugadores del mundo, y cuando lo hagamos, ya no podrán jugar más, y nuestro reino volverá a ser pacífico y tranquilo.

Un Muerte y Siete Muerte convocaron a todos los jueces y demonios de Xibalbá, y estos son sus nombres y deberes:

Costra Voladora y Sangre Acumulada hacen que la gente se enferme en su sangre.

Demonio Pus y Demonio Ictericia hacen que la piel se vuelva amarilla y que el cuerpo se hinche y supure pus.

Bastón de Hueso y Bastón de Cráneo llevan bastones hechos de hueso. Su deber es hacer que la gente se consuma hasta que no sean más que piel y huesos.

Demonio Basura y Demonio Puñalada atacaban a la gente que no limpiaba la basura de sus casas, a los que no barrían sus umbrales y mantenían el espacio alrededor de sus casas limpio y ordenado. Estos demonios descendían sobre esas personas y las apuñalaban hasta que morían.

Los dos últimos jueces de Xibalbá se llamaban Alas y Patán. Atacaban a los que viajaban por los caminos, y a los que caminaban por los caminos llevando cargas pesadas. Alas y Patán hacían que esta gente muriera vomitando sangre.

Y así, los señores de Xibalbá les dijeron a los jueces y demonios lo que iban a hacer. Dijeron—: Un Hunahpú y Siete Hunahpú no nos respetan. Juegan su juego de pelota muy ruidosamente. Vamos a desafiarlos a un juego de pelota para hacerlos parar. ¿Qué dicen?

Los jueces y los demonios respondieron—: Este es un buen pensamiento. Son buenas palabras. También estamos cansados del ruido que hacen. Además, deseamos tener su equipo de juego, sus almohadillas y máscaras, y su pelota. Sí, juguemos el juego de pelota con ellos y mostrémosles quiénes son los verdaderos campeones. Podemos ganar de ellos sus cosas de juego. Entonces no podrán jugar, y tal vez tengamos algo de paz y tranquilidad.

Cuando los jueces y los demonios aceptaron el plan, los señores de Xibalbá llamaron a sus búhos mensajeros. Enviaron a los búhos a Un Hunahpú y a Siete Hunahpú, ordenándoles que vinieran a Xibalbá a jugar el juego de pelota allí y que trajeran con ellos todo su equipo de juego. Un Hunahpú y Siete Hunahpú aceptaron la convocatoria, pero antes de irse, les dijeron a Un Mono y a Un Artesano que se quedaran con su abuela, Xmucané, para cuidarla. También les dijeron a los chicos que continuaran practicando sus artes.

Xmucané se asustó mucho cuando escuchó lo que Un Hunahpú y Siete Hunahpú habían sido llamados. Lloró muy amargamente—. Hijos míos—dijo—, seguramente no los volveré a ver nunca más. Seguramente los señores de Xibalbá nunca los dejarán marchar. Por favor, no me dejen aquí sola.

—No temas, madre—dijeron los hermanos—. Volveremos. Esto te lo prometemos. Y mientras no estemos, Un Mono y Un Artesano te cuidarán como nosotros siempre lo hemos hecho.

Y así, Un Hunahpú y Siete Hunahpú tomaron sus equipos para ir a jugar a donde los señores de la Muerte. Pero dejaron su pelota de goma, que ataron en la parte superior de su casa. Luego, despidiéndose de su madre y de los gemelos, siguieron a los búhos hasta la entrada de Xibalbá.

Fue un largo y cansado camino hasta Xibalbá. Los búhos guiaron a los hermanos por un largo tramo de escaleras que llegaban al fondo de un cañón. Tuvieron que atravesar dos cañones. Los hermanos también tuvieron que cruzar muchos ríos peligrosos. Un río estaba lleno de escorpiones. Otro estaba hecho todo de sangre, y otro de pus. Pero los hermanos los cruzaron todos sin sufrir daño alguno.

Después de cruzar todos los ríos, los hermanos llegaron a un lugar donde se encontraban cuatro caminos. Había un camino blanco que conducía al norte, un camino amarillo que conducía al sur, un camino rojo que conducía al este y un camino negro que conducía al oeste. Los hermanos no sabían qué camino tomar, hasta que escucharon un extraño susurro que venía del suelo—. Yo soy el camino negro—dijo la voz susurrante—. Es mi camino el que deben pisar para llegar al lugar al que van.

Por fin los hermanos llegaron a la cámara del consejo de los señores de Xibalbá. Allí vieron dos figuras sentadas—. Saludos, oh, Un Muerte—dijeron—. Saludos, oh Siete Muerte.

Pero las figuras no respondieron. Un Hunahpú y Siete Hunahpú estaban muy desconcertados, hasta que oyeron risas chillonas y gárgaras que venían del interior de la cámara. Entonces se dieron cuenta de que las figuras frente a la cámara no eran más que estatuas de madera para engañarlos.

—¡Adelante, adelante!—dijeron los señores de la Muerte—. No se preocupen por nuestra pequeña broma. ¡Entren!

Los hermanos entraron en la cámara donde los esperaban los señores de la Muerte junto con todos los jueces y demonios.

—¡Siéntense!—dijeron los señores de la Muerte, mostrando a los hermanos un banco—. Deben estar cansados después de su largo viaje. Mañana jugaremos el juego de pelota. ¿Por favor, siéntense!

Un Hunahpú y Siete Hunahpú fueron al banco y se sentaron, pero inmediatamente volvieron a saltar. El banco estaba hecho de piedra, y estaba al rojo vivo. Los hermanos no podían sentarse en él; la piedra les quemaba las nalgas. Una vez más, todos los Xibalbáns rugieron de risa. Rieron y rieron hasta que las lágrimas corrieron por sus mejillas y les dolieron las costillas.

Cuando los señores de la Muerte y los otros Xibalbáns terminaron finalmente con su regocijo, dijeron a los hermanos que serían llevados a un lugar donde podrían pasar la noche. La Tierra de los Muertos tenía muchas casas dentro de ella, y en cada casa había un tipo de prueba diferente.

La Casa de la Oscuridad no contenía nada más que el negro de la noche, una noche sin luna y sin estrellas. Era completamente oscura por dentro.

La Casa de Hielo era una casa de frío. El interior estaba rodeado de escarcha, y un viento helado soplaba continuamente a través de ella.

La Casa de los Jaguares estaba llena de jaguares. Los jaguares merodeaban por ahí. Tenían dientes afilados y garras con las que rasgar y desgarrar.

La Casa de los Murciélagos estaba llena de murciélagos que revoloteaban y revoloteaban por todas partes. Nunca descansaban, sino que volaban por ahí chirriando.

La Casa de los Cuchillos estaba llena de cuchillas afiladas que se deslizaban de un lado a otro.

Los señores de la Muerte decidieron que los hermanos debían ser colocados en la Casa de la Oscuridad—. Aquí hay una antorcha, y aquí hay cigarros para ustedes—dijeron los señores de la Muerte—. Tengan cuidado de no usarlos todos, porque no les pertenecen. Devuélvanoslos por la mañana, tal y como los reciben ahora.

Y así, Un Hunahpú y Siete Hunahpú pasaron la noche en la Casa de la Oscuridad, viendo como la antorcha y los cigarros se consumían lentamente hasta que no quedaba nada.

Por la mañana, los señores de la Muerte vinieron a buscar a los hermanos para el juego. Abrieron la puerta de la Casa de la Oscuridad y dijeron—: ¡Buenos días! Es hora de nuestro juego, pero primero deben devolver la antorcha y los cigarros.

—No podemos, señores—dijeron los hermanos—, porque se han quemado durante la noche.

—¿Qué?—dijo Una Muerte y Siete Muerte—. Les dijimos que los devolvieran. No han seguido nuestras instrucciones. Han destruido nuestras pertenencias. Por lo tanto, ¡deben morir!

Los señores de Xibalbá se llevaron a los hermanos y los sacrificaron. Cortaron la cabeza de Un Hunahpú, y luego enterraron el resto de su cuerpo junto con su hermano. Una Muerte y Siete Muerte ordenaron que la cabeza de Un Hunahpú se colocara en las ramas de un árbol que estaba cerca del camino. Tan pronto como la cabeza fue colocada allí, el árbol comenzó a dar frutos, aunque nunca antes lo había hecho, y la cabeza de Un Hunahpú cambió para parecerse tanto a la fruta que ya nadie podía decir dónde estaba la cabeza. Así es como el árbol de calabaza comenzó a dar frutos, y es por eso que su fruto es como una cabeza humana.

Los Xibalbáns se reunieron alrededor del árbol, sorprendidos de que hubiera empezado a dar frutos tan repentinamente, simplemente porque la cabeza de Un Hunahpú había sido colocada allí. Y así, los Xibalbáns hicieron una ley que decía que nadie debía tomar el fruto de ese árbol, y nadie debía refugiarse a su sombra, debido al poder de la cabeza de Un Hunahpú.

La Dama Sangre y el árbol de Un Hunahpú

Una vez hubo una doncella llamada Dama Sangre, y era la hija de un señor llamado Sangre Acumulada. Un día, su padre llegó a casa con una extraña historia para contar: era la historia del árbol de calabaza en Xibalbá, y cómo había empezado a dar frutos debido a que la cabeza de Un Hunahpú había sido colocada en él. Después de que la Dama Sangre escuchó la historia, no pudo pensar en nada más que en el árbol de calabaza. Anhelaba verlo y probar su fruto, y por mucho que su padre lo intentara, por mucho que le advirtiera sobre la ley de no tocar el árbol o estar a su sombra, no podía hacer cambiar de opinión a su hija, ni distraerla de su deseo por el fruto del árbol de calabaza.

Finalmente, el deseo de Dama Sangre se hizo tan fuerte que no pudo soportarlo más. Bajó por el camino al lugar donde estaba el árbol de calabaza. Se paró frente al árbol y miró con anhelo su fruto—. Esa fruta parece muy buena—dijo—. Debería elegir una y comérmela. Estoy segura de que no me pasará nada.

Una voz respondió desde el centro de las ramas, la voz del cráneo de Un Hunahpú—. ¿Por qué desearías un cráneo que ha sido colocado en las ramas de un árbol? Eso no es algo deseable.

—Tal vez no, pero de todas formas deseo probar una—dijo la doncella.

—Muy bien—dijo el cráneo—. Extiende tu mano derecha. Ponla entre las ramas del árbol donde pueda verla.

La Dama Sangre hizo lo que el cráneo le indicó, pero en vez de recibir un fruto de calabaza, sintió que algo húmedo goteaba en la palma de su mano: el cráneo había goteado algo de saliva en su mano. La doncella retiró su mano para ver lo que había goteado allí, pero cuando miró, no vio nada en absoluto.

—No temas—dijo el cráneo—solo te he dado mi saliva, y en la saliva de los reyes están sus descendientes. Cuando un hombre está vivo, tiene belleza porque sus huesos están cubiertos de carne, pero los huesos de los muertos dan miedo. La esencia del hombre, especialmente si es un gran señor, está en su saliva, y así su esencia se transmite a sus hijos. La esencia del señor, y su rostro, y su habla, continúan en los cuerpos de sus hijos e hijas. Y así será para mí, porque te he dado mi saliva. Es hora de que regreses a tu casa. No sufrirás ningún daño y verás que te he dicho la verdad.

Y así se cumplió la voluntad de Corazón del Cielo en el encuentro de la Dama Sangre y el cráneo de Un Hunahpú.

Después de darle a la Dama Sangre otras instrucciones, Un Hunahpú le pidió que regresara a casa. Lo hizo, y no mucho después, se encontró con que estaba embarazada. Esto sucedió cuando el cráneo escupió en su mano, y así fue como se concibieron los gemelos héroes Hunahpú e Ixbalanqué.

La Dama Sangre pudo ocultar su condición durante seis meses, pero después de ese tiempo comenzó a mostrarse. Sangre Acumulada notó que su hija estaba embarazada, y se enojó. Se presentó ante Una Muerte y Siete Muerte y los otros señores de Xibalbá y les dijo que su hija se había acostado con un hombre y ahora estaba embarazada.

—Ve y pregúntale qué pasó—dijeron los señores de Xibalbá—. Sácale la verdad. Y si no es sincera, será sacrificada.

Sangre Acumulada estuvo de acuerdo en que era un buen plan. Regresó a casa y le preguntó a su hija cómo era que estaba embarazada. Le preguntó quién era el padre, con qué hombre se había acostado.

—Nunca me he acostado con un hombre, Padre—dijo Dama Sangre—. No sé de qué estás hablando.

—Entonces es verdad—dijo Sangre Acumulada—. No eres más que una vulgar prostituta.

Sangre Acumulada convocó a los cuatro búhos de Xibalbá. Cuando llegaron, Sangre Acumulada dijo—: Llévensela a esa vulgar prostituta y sacrifíquenla. Devuélvanme su corazón en un cuenco.

Los búhos agarraron a la joven entre sus garras. Llevando también un cuenco y un cuchillo de pedernal, llevaron a la Dama Sangre por los cielos de Xibalbá hasta el lugar del sacrificio.

—No pueden matarme—dijo la Dama Sangre—. Estoy embarazada, pero no porque me haya acostado con un hombre. Este es el niño que me dio el cráneo de Un Hunahpú, que descansa en el árbol de calabaza, el que está junto al camino cerca del campo de juego. No merezco ser sacrificada.

—No queremos sacrificarte—dijeron los búhos—pero debemos llevar algo en el cuenco. ¿Qué debemos hacer?

—Vayan al árbol de crotón—dijo la Dama Sangre—. Recojan su savia, porque parece sangre. Recojan su savia, y parecerá un corazón cuando lo pongan en el cuenco.

Los búhos hicieron lo que la joven les dijo. Fueron al árbol. La Dama Sangre lo apuñaló con el cuchillo de pedernal sagrado de los búhos. La savia roja rezumó. Los búhos atraparon la savia en el cuenco, y allí formó un bulto. La savia se juntó, y se convirtió en una forma redondeada que parecía un corazón.

—Espera aquí—dijeron los búhos—. Espéranos aquí. Iremos a mostrar esto a los señores de Xibalbá, y cuando estén satisfechos por haber sido sacrificada, volveremos para guiarte lejos de aquí. Te guiaremos a un lugar seguro.

Y así, los búhos volaron de vuelta a los señores de Xibalbá con el cuenco lleno de savia. Cuando llegaron, Una Muerte dijo—: ¿Es ese el corazón de la joven en ese cuenco?

—Lo es—dijeron los búhos—. Ciertamente lo es.

—Tráiganlo aquí para que pueda examinarlo—dijo Una Muerte.

Los búhos llevaron el cuenco a Una Muerte. Puso sus dedos en la savia roja. Agitó la savia con los dedos, luego los levantó y miró. Sus dedos parecían chorrear sangre.

—Aticen el fuego—dijo Una Muerte—. Aticen para que arda más caliente. Entonces quemaremos el corazón en él.

Los búhos atizaron el fuego y le añadieron leña. Cuando estaba ardiendo bastante, Una Muerte puso la savia en él. La savia humeaba con una dulce fragancia. Todos los Xibalbáns se reunieron alrededor del fuego para oler la fragancia de la savia ardiente, que todos pensaron que era sangre. Y así es como la Dama Sangre engañó a los señores de Xibalbá.

Mientras los señores de Xibalbá olían la fragancia de la savia del árbol, los búhos volvieron a la Dama Sangre y la guiaron al mundo de arriba. Entonces los búhos volvieron a Xibalbá.

La Dama Sangre fue a la casa de Xmucané, la Abuela de la Luz, que era la madre de Un Hunahpú y Siete Hunahpú y la abuela de Un Mono y Un Artesano. La Dama Sangre fue ante Xmucané y le dijo—: Te saludo, oh Madre, porque soy tu nuera.

Xmucané estaba asombrada—. ¿Cómo puede ser esto? Mis hijos descendieron a Xibalbá y nunca regresaron, y estoy segura de que deben estar muertos. Solo tengo a mis nietos, Un Mono y Un Artesano. Son todo lo que me queda de mis propios hijos queridos. Lo que dices no puede ser verdad. Vete. Vuelve al lugar de donde viniste.

—Yo digo la verdad—dijo la Dama Sangre—. Estoy embarazada, tengo gemelos, y ellos son los hijos de Un Hunahpú. Un Hunahpú y Siete Hunahpú no están muertos. Los verás de nuevo. Los verás cuando nazcan mis dos hijos.

—No, tú mientes—dijo Xmucané—. Tú mientes. Mis hijos están muertos. Esos no pueden ser sus hijos. Te acostaste con un hombre y ahora vienes a mí pensando que te creeré. No te creo. Vete de aquí.

—Digo la verdad—dijo la Dama Sangre—. En verdad estos son los hijos de Un Hunahpú.

—Si realmente eres mi nuera—dijo Xmucané—debes probarlo. Toma esta red y llénala de maíz. Haz esa tarea con éxito, y aceptaré que eres mi nuera.

—Haré lo que me pidas—dijo la Dama Sangre.

La Dama Sangre tomó la red. Fue al campo donde crecía el maíz, el campo que pertenecía a Un Mono y Un Artesano. La Dama Sangre fue al campo y empezó a buscar maíz para llenar su red. Buscó y buscó, y aunque el maíz crecía bien, solo pudo encontrar una mazorca para llevar a casa. No importaba cómo buscara, no pudo encontrar más de una mazorca de maíz que estuviera lista para comer—. ¡Oh, no!—lloró Dama Sangre—. ¿Qué debo hacer? Seguramente he hecho mal, porque no puedo devolverle una red de maíz a mi suegra. No hay maíz. ¿Qué debo hacer?

Entonces la Dama Sangre comenzó a cantar. Cantó una canción llamando a las diosas del campo de maíz—. ¡Ven, oh Señora del Trueno!—cantó—. ¡Ven, oh Dama Amarilla! ¡Ven, Señora del Cacao! ¡Ven, Señora de la Harina de Maíz! Vengan en mi ayuda, oh guardianes del campo de Un Mono y Un Artesano.

La Dama Sangre tomó la seda de maíz de la parte superior de la mazorca entre sus dedos. Tiró suavemente de la seda de maíz, sin abrir la cáscara, sin quitar la mazorca del tallo. Suavemente y con cuidado tiró, y mientras tiraba, las mazorcas de maíz maduras cayeron de la seda a su red. El maíz se multiplicó y multiplicó, y aún así la única mazorca de maíz estaba intacta en el tallo. Finalmente, la joven tenía suficiente maíz para llenar su red, pero ¿cómo cargarlo? Estaba muy llena y era muy pesada, y la casa de la abuela Xmucané estaba bastante lejos. Pero pronto el problema se resolvió: los animales salieron de los árboles para ayudarla. Tomaron la red y el armazón de la mochila, y la llevaron de vuelta por el camino. Pero cuando estuvieron a la vista de Xmucané, se la devolvieron a la Dama Sangre, que la tomó y fingió que la había llevado todo el camino ella misma.

Cuando Xmucané vio a la Dama Sangre cargando la pesada red llena de maíz, se quedó asombrada—. ¿Dónde encontraste todo ese maíz? ¿Lo robaste de algún otro campo? Voy al campo de Un Mono y Un Artesano. Veré si realmente conseguiste el maíz de allí o de algún otro campo.

Xmucané bajó por el camino al campo de maíz, y allí vio la planta con una sola espiga, y las otras plantas sin espigas maduras. Miró el suelo debajo de la planta con una mazorca. Allí vio los surcos de las cuerdas de la red que fueron empujadas al suelo mientras el maíz caía de la seda de maíz, la depresión en el suelo por el peso de la gran pila de maíz. Entonces Xmucané comprendió lo que había pasado, y regresó a casa.

Xmucané fue a la Dama Sangre y le dijo—: Ahora veo que has hablado con sinceridad. Eres mi nuera, y esos son mis nietos que llevas.

Las hazañas de la niñez de Hunahpú e Ixbalanqué

Cuando llegó el momento de que nacieran los gemelos, Dama Sangre se fue a las montañas. Fue allí donde nacieron los gemelos. Llegaron de repente; su abuela no tuvo tiempo de llegar para verlos nacer. Dama Sangre nombró a los niños Hunahpú e Ixbalanqué, y los llevó a la montaña para que vivieran en la casa de la abuela Xmucané con sus hermanos mayores Un Mono y Un Artesano. Pero esto no fue fácil para nadie, ya que los gemelos lloraban constantemente, y nadie podía dormir.

Finalmente, Xmucané había tenido suficiente—. ¡Llévate a esos dos bebés! ¡Llévatelos a otro lugar! Nadie en esta casa puede dormir con ellos aquí.

Dama Sangre llevó a los niños a un hormiguero. Las hormigas corrían de un lado a otro, entrando y saliendo del hormiguero. Dama Sangre puso a los gemelos en el hormiguero, y al instante dejaron de llorar y se durmieron.

En otra ocasión, cuando los gemelos estaban llorando, Un Mono y Un Artesano los tomaron y los pusieron en un arbusto de espinas. De nuevo, los gemelos se durmieron—. Deberíamos dejarlos allí—dijeron Un Mono y Un Artesano—. Deberíamos dejarlos en las espinas, o en el hormiguero. Tal vez mueran allí y tengamos algo de paz. —dijeron esto porque eran videntes y sabían todo lo que les pasaría a Hunahpú e Ixbalanqué, y todo lo que lograrían. Un Mono y Un Artesano deseaban que sus hermanos murieran porque estaban muy celosos, a pesar de sus grandes habilidades y dones.

Y así fue que Hunahpú e Ixbalanqué crecieron al aire libre en las montañas, y no en la casa de su abuela. Los gemelos crecieron bien y fuertes, y pronto pudieron ir de caza. Todos los días iban al bosque a cazar aves para que su familia comiera, y siempre volvían con algo bueno. Un Mono y Un Artesano, sin embargo, se sentaban alrededor de la casa y tocaban sus flautas. No ayudaban con la caza. Practicaban su escritura y tallado, y cantaban. Eran muy sabios, porque se habían convertido en el rostro de su padre, Un Hunahpú, que había sido derrotado por los señores de la Muerte en Xibalbá. Pero sus grandes habilidades no dieron resultado, porque sus corazones estaban carcomidos por la envidia, sus corazones ardían de envidia por Hunahpú e Ixbalanqué.

Cuando Xmucané preparaba la comida, Un Mono y un Artesano comían primero. Hunahpú e Ixbalanqué esperaban en la puerta por las sobras. Cuando Hunahpú e Ixbalanqué traían pájaros del bosque, Un Mono y Un Artesano los arrebataban y se los comían, y no daban nada a sus hermanos menores. Los gemelos no recibieron ningún amor de sus hermanos mayores, ni tampoco de su abuela. Pero Hunahpú e Ixbalanqué no se enojaron. Comprendieron cómo eran las cosas en la casa de su abuela. En vez de eso, esperaron su tiempo, esperando una oportunidad de justicia.

Un día, Hunahpú e Ixbalanqué regresaron de un día en el bosque sin ningún pájaro. Xmucané estaba muy enojada con ellos—. ¿Dónde están los pájaros? ¿Por qué han vuelto con las manos vacías?— reclamó.

—Los pájaros volaron hacia las ramas superiores del árbol, abuela— dijeron los gemelos—. Volaron tan alto que no pudimos atraparlos. Necesitamos ayuda para atraparlos. Queremos que Un Mono y Un Artesano nos ayuden —dijeron esto porque Hunahpú e Ixbalanqué habían ideado un plan para derrotar a sus envidiosos hermanos.

No planeaban matar a Un Mono o a Un Artesano, sino transformarlos, como castigo por su envidia y el mal trato que daban a Hunahpú e Ixbalanqué—. No nos tratan como hermanos—dijeron los gemelos—. Nos tratan como esclavos, y así tendremos justicia por ello.

Y así fue como Un Mono y Un Artesano fueron al bosque con sus hermanos a cazar pájaros. Llegaron a un gran árbol que estaba lleno de pájaros. Los pájaros estaban en las ramas del árbol cantando. Hunahpú e Ixbalanqué apuntaron sus cerbatanas a los árboles y dispararon a los pájaros, pero ninguno de los pájaros a los que dispararon cayó al suelo.

—¿Ven? Este es el problema—dijeron Hunahpú e Ixbalanqué—. Disparamos a los pájaros, pero el árbol es tan grande que se atascan en las ramas. Necesitamos que suban al árbol y nos traigan los pájaros muertos.

—Muy bien—dijeron Un Mono y Un Artesano, y empezaron a subir al árbol.

Subieron, subieron, subieron, alto entre las ramas. Entonces ocurrió algo extraño. Cuanto más alto subían, más grande se hacía el árbol, hasta que el árbol era tan grande que cuando Un Mono y Un Artesano estaban listos para bajar, ya no podían hacerlo.

—¡Ayúdennos!—gritaron Un Mono y Un Artesano—. ¡Ayúdennos, hermanos! ¡Este árbol es espantosamente alto! ¡No podemos bajar!

—Quítense los taparrabos—dijeron Hunahpú e Ixbalanqué—. Amárrenlos alrededor de la cintura y dejen que la parte larga cuelgue detrás de ustedes. Tiren de esa parte suelta. Entonces verán que pueden trepar a los árboles muy bien.

Un Mono y Un Artesano hicieron lo que sus hermanos dijeron. Retiraron sus taparrabos, y tiraron del cabo suelto que colgaba detrás. Mientras tiraban, el extremo de su taparrabos se convirtió en una cola. Las pieles empezaron a crecer por todo el cuerpo. Sus manos y pies se volvieron largos y delgados. Los dedos de los pies se volvieron largos y perfectos para el agarre. Sus brazos se hicieron largos, y sus cuerpos y cabezas se encogieron. ¡Un Mono y Un Artesano se convirtieron en monos araña!

Un Mono y Un Artesano gritaban y parloteaban, ya que no tenían habla humana. Pero trepar a los árboles no les resultaba difícil: subían y bajaban del gran árbol, trepaban con rapidez y habilidad, y se balanceaban de las ramas sobre sus colas. Se adentraron en el bosque, donde se treparon a los árboles, chillando entre ellos.

Hunahpú e Ixbalanqué se fueron a casa. Cuando Xmucané vio que sus hermanos no estaban con ellos, preguntó qué había sido de ellos.

—No temas, abuela—dijeron los gemelos—. Nuestros hermanos están a salvo. De hecho, los verás muy pronto, pero debes prometer que no te reirás de ellos. Los llamaremos ahora. Recuerda: ¡no debes reírte!

Hunahpú e Ixbalanqué tomaron la flauta y el tambor. Empezaron a tocar una canción, y el nombre de la canción era "Mono Araña Hunahpú". Un Mono y Un Artesano escucharon la canción cuando estaban en el bosque. No pudieron resistirse a su llamada. Entraron deambulando en la casa de la abuela Xmucané, parloteando y haciendo gestos como lo hacen los monos. Cuando Xmucané los vio, inmediatamente comenzó a reírse. Esto asustó a los monos, y volvieron corriendo al bosque.

Hunahpú e Ixbalanqué dijeron—: ¿Intentamos de nuevo, abuela? Podemos llamarlos de nuevo, pero solo podemos hacerlo cuatro veces. Podemos llamarlos tres veces más, pero debes prometer que no te reirás.

Xmucané prometió no reírse, así que una vez más Hunahpú e Ixbalanqué tocaron su canción. Una vez más, Un Mono y Un Artesano entraron en la casa de Xmucané. Bailaron por ahí, y estaban completamente desnudos como los monos. Xmucané miró su desnudez y su tonto baile. Intentó con todas sus fuerzas no reírse, pero no pudo contenerse. Pronto se rió mucho, y los dos monos huyeron al bosque.

Los gemelos trataron una vez más de llamar a sus hermanos para que regresaran del bosque. Una vez más, advirtieron a su abuela que no se riera. De nuevo, los monos vinieron cuando escucharon la llamada de la canción, y bailaron en la casa de Xmucané. Esta vez Xmucané intentó con más fuerza no reírse, pero las payasadas de sus nietos eran tan divertidas que no pudo evitarlo. Una vez más se echó a reír, y los monos volvieron al bosque.

—Lo intentaremos una vez más, abuela—dijeron los gemelos. Y así, comenzaron a tocar su canción, pero esta vez los monos no vinieron. Se quedaron en el bosque.

—No te apenes, abuela—dijeron Hunahpú e Ixbalanqué—. No podemos traer a Un Mono y Un Artesano de vuelta, pero estamos aquí. Estamos aquí, y también somos tus nietos, y te pedimos que ames a nuestra madre. Debes saber también que nunca olvidaremos a nuestros hermanos. Siempre se pronunciarán sus nombres. Siempre recordaremos sus actos.

Y así sucedió que cada vez que los músicos, escritores o talladores comenzaban un trabajo, llamaban a Un Mono y Un Artesano para bendecir su arte. Pero aunque estos hermanos eran venerados, no eran considerados dioses. No tenían ese honor, porque aunque sus actos como músicos y escritores eran buenos y dignos de ser recordados, tenían demasiado orgullo y envidia, y por esos pecados fueron convertidos en monos.

Ahora que Un Mono y Un Artesano vivían en el bosque como monos, ya no podían ayudar a su familia trabajando en el campo de maíz—. No teman—dijeron Hunahpú e Ixbalanqué a su madre y a su abuela—. Haremos ese trabajo ahora. Tomaremos el lugar de Un Mono y Un Artesano.

Los gemelos cogieron sus herramientas y sus cerbatanas y se prepararon para ir al campo de maíz—. Tráenos una comida al mediodía por favor, abuela—dijeron.

—La traeré—dijo Xmucané.

Los gemelos llegaron al campo de maíz. Tomaron la azada y la clavaron con gran fuerza en el suelo. La azada comenzó a cavar surcos en la tierra por sí misma. Tomaron el hacha y la clavaron con gran fuerza en un árbol. Entonces el hacha cortó el árbol por sí misma. Y así, la azada aró el campo y cavó las zarzas, y el hacha cortó los árboles.

Hunahpú e Ixbalanqué vieron a la tórtola en el borde del campo—. Tórtola—le dijeron al pájaro—debes ser nuestro vigía. Cuando veas venir a la abuela Xmucané, llámanos para que tomemos nuestras herramientas con nuestras propias manos.

La tórtola aceptó, y fue a un lugar donde podía vigilar a Xmucané. Mientras tanto, los gemelos tomaron sus cerbatanas y fueron a cazar pájaros para comer en lugar de trabajar en el campo de maíz. Muy pronto, la tórtola llamó a los gemelos. Se frotaron tierra por todo el cuerpo. Recogieron la azada y el hacha. Fingieron estar exhaustos por todo su duro trabajo. La abuela vino y vio todo el trabajo que habían hecho. Les dio a los chicos su comida, pero no se la habían ganado, porque no habían hecho el trabajo ellos mismos.

Cada noche, los gemelos volvían a casa y fingían estar doloridos y exhaustos por todo el trabajo—. ¡Oh!—decían—, ¡Oh, cómo nos duele la espalda! ¡Oh, qué cansados están nuestros miembros! Realmente trabajamos muy duro hoy.

Cada mañana, Hunahpú e Ixbalanqué volvían al campo de maíz. Pero cuando llegaban allí, se detenían y miraban con asombro. Porque durante la noche, todos los surcos se habían aplanado. Todas las zarzas y arbustos que habían sido excavados estaban de vuelta en sus lugares. Todos los árboles que habían sido cortados estaban enteros de nuevo.

—¿Cómo ha pasado esto?—gritaron los gemelos—. Alguien nos está jugando una mala pasada.

Lo que había sucedido es lo siguiente: en la noche, los animales vinieron. Alisaron los surcos. Volvieron a plantar las zarzas y los arbustos. Hicieron los árboles cortados enteros. Y así fue como cuando Hunahpú e Ixbalanqué llegaron a la mañana siguiente, todo su trabajo había sido deshecho.

Una vez más, Hunahpú e Ixbalanqué araron los surcos y cavaron zarzas y cortaron árboles. Pero cuando terminaron el trabajo del día, juraron vigilar su campo por la noche para ver quién era el que estaba deshaciendo todo su trabajo. Volvieron a casa y le contaron a su abuela lo que había pasado y lo que planeaban hacer, y entonces volvieron al campo de maíz para vigilar.

Cayó la noche. Hunahpú e Ixbalanqué se ocultaron en un lugar donde podían ver el campo pero no ser vistos por ellos mismos. Pronto hubo un crujido del bosque. Del bosque salieron todo tipo de animales: jaguares y coyotes, conejos y ciervos, tapires y coatíes, y todo tipo de aves. Los animales fueron a los zarzales y arbustos y les pidieron que se replantaran, y una vez más los zarzales y arbustos crecieron en sus lugares. Hicieron lo mismo con los árboles, y una vez más los árboles estaban enteros y creciendo en sus lugares.

Hunahpú e Ixbalanqué vieron a los animales deshacer todo su trabajo. Salieron de su escondite e intentaron atrapar a los animales. Primero, intentaron atrapar al jaguar y al coyote, pero esos animales eran demasiado rápidos. Luego trataron de atrapar conejos y ciervos. Atraparon al conejo y al ciervo por sus largas colas, pero las colas se rompieron, y los animales se escaparon. Es por eso que los conejos y los ciervos tienen hoy en día colas cortas.

Los gemelos intentaron e intentaron atrapar a los animales, pero no tuvieron éxito. Finalmente, fueron capaces de atrapar una rata. Sacaron su furia en la rata. La sostuvieron sobre el fuego y le quemaron el pelaje de la cola, y es por eso que las ratas tienen colas desnudas hoy en día.

—¡Alto!—dijo la rata—. No deben matarme. Tengo un mensaje para ustedes, y es este: ustedes no están destinados a ser granjeros de maíz. Pero sí sé qué es lo que se supone que deben hacer.

—Dinos—dijeron los gemelos.

—Les diré si me dejen marchar, y si me dan un poco de comida—dijo la rata—. Juro que no me escaparé y que les diré la verdad.

—Te daremos comida después de que nos des tu mensaje—dijeron los gemelos.

—Como quieran—dijo la rata—. Este es mi cuento: Sé dónde está el equipo de juego, las almohadillas, los cascos y la pelota que pertenecieron a sus padres, Un Hunahpú y Siete Hunahpú, que fueron a Xibalbá y murieron allí. Si se fijan en el tejado de la casa de su abuela, allí encontrarán todo su equipo para el juego de pelota. Su abuela ocultó estas cosas, porque sus padres murieron después de aceptar un desafío a un juego de pelota de los señores de Xibalbá.

Los gemelos se regocijaron al escuchar lo que la rata les dijo. Luego le dieron a la rata mucha buena comida, como habían prometido. Le dieron maíz, chiles y cacao, y muchas otras cosas buenas. Le dijeron a la rata que a partir de entonces tendría derecho a llevarse cualquier bocado de comida que hubiera sido barrida fuera de la casa.

—Ahora te llevaremos a casa para que nos muestres dónde está el equipo de juego—dijeron los gemelos.

—Con mucho gusto—dijo la rata—, ¿pero qué pasa si tu abuela nos atrapa? ¿Qué haremos entonces?

—No tengas miedo—dijeron los gemelos—. Sabemos qué hacer. Te pondremos entre las vigas y nos mostrarás dónde están las cosas. Podremos ver lo que haces reflejado en la salsa de chile que la abuela nos preparará.

Luego los gemelos y la rata pasaron el resto de la noche haciendo sus planes, y a medio día regresaron a casa. Escondieron a la rata para que no pudiera ser vista. Cuando llegaron a la casa de la abuela Xmucané, uno de los gemelos entró, mientras que el otro rodeó el exterior de la casa para poner a la rata en un lugar donde pudiera entrar en el tejado, y luego el gemelo entró también.

—¿Nos harás algo de comer, madre?—preguntaron los gemelos.

—Sí, con mucho gusto—dijo su madre—. ¿Qué les gustaría?

—Oh, haz algo con esa salsa de chile que es tan buena—respondieron.

Pronto la comida estaba delante de ellos, junto con un tazón de salsa de chile. Los gemelos fingieron estar muy sedientos. Bebieron toda el agua de la jarra.

—¿Nos traes más agua, oh abuela?—preguntaron. Pero no estaban realmente sedientos; esto no era más que una artimaña para hacer que la abuela saliera de la habitación.

Mientras esto sucedía, la rata esperaba en las vigas de la casa. Cuando la abuela se fue, la rata fue a donde estaban las cosas del juego. Se paró junto a las cosas del juego, y los gemelos vieron su reflejo en el tazón de salsa de chile. De esta manera, Hunahpú e Ixbalanqué descubrieron dónde se había escondido el equipo de juego.

Para poder bajar el equipo en secreto, también tuvieron que sacar a su madre de la casa. Le dijeron a una pequeña mosca mordedora que encontrara a la abuela y que hiciera un agujero en la jarra de agua para que se filtrara. La abuela no vio la mosca, pero sí vio la fuga. Intentó e intentó arreglarla, pero no pudo.

De vuelta a la casa, los gemelos comenzaron a quejarse de lo sedientos que estaban—. ¿Por qué tarda tanto la abuela? Algo seguramente debe haber salido mal. Oh, madre, ve a buscar a la abuela y mira si necesita ayuda.

Y así, la madre también dejó la casa, y una vez que se fue, la rata royó las cuerdas que estaban atando las cosas del juego de pelota en el techo. Los chicos cogieron las cosas cuando cayeron, y luego fueron a esconderlas en el camino cerca del campo de juego. Llevando sus cerbatanas, fueron al río, donde encontraron a las mujeres luchando con la jarra perforada.

—¿Por qué han tardado tanto?—preguntaron los gemelos—. Nos impacientamos con la espera.

—La jarra tiene un agujero—dijo la abuela—. Hemos intentado arreglarla para poder llevar el agua.

Hunahpú e Ixbalanqué arreglaron el agujero de la jarra. Y así, los gemelos y su madre y abuela volvieron a la casa juntos.

Juegos de pelota en Xibalbá

Ahora que Hunahpú e Ixbalanqué tenían el equipo de juego de sus padres, fueron a la cancha a jugar. Primero, tenían que despejar el campo, ya que estaba cubierto de maleza desde que Un Hunahpú y Siete Hunahpú fueron a Xibalbá. Cuando el campo estuvo despejado, se pusieron sus almohadillas y cascos. Tomaron la pelota y comenzaron a jugar. Corrieron felices, golpeando la pelota de un lado a otro y gritándose el uno al otro.

El sonido de su juego resonó abajo en los pasillos de Xibalbá. Los señores de la Muerte dijeron—: ¿Quién hace tanto ruido? ¿No hemos matado ya a Un Hunahpú y a Siete Hunahpú? ¿Quién podría ser, golpeando y saltando?

Los señores de la Muerte llamaron a los mensajeros búhos—. Vayan a donde esa gente ruidosa de ahí arriba. Díganles que si quieren jugar el juego, deben venir y hacerlo aquí abajo. Deben venir aquí, con su equipo de juego, dentro de siete días, y jugar el juego con nosotros. Los señores de Xibalbá lo ordenan.

Los mensajeros búhos volaron a la casa de Xmucané. Los búhos le dijeron que en siete días, Hunahpú e Ixbalanqué debían ir a Xibalbá con sus equipos de juego para jugar contra los señores de la Muerte.

—Les daré este mensaje—dijo Xmucané.

Cuando los búhos se fueron, Xmucané comenzó a llorar. Recordó que sus hijos habían sido convocados de la misma manera, y que nunca habían regresado. No quería perder a sus nietos también. Mientras lloraba, un piojo cayó sobre su cabeza. Lo arañó y luego lo recogió.

—Pequeño piojo—dijo Xmucané—. Tengo un mensaje que llevar a mis nietos, que están jugando en la cancha. ¿Lo llevarás por mí?

El piojo aceptó, y se escabulló para hacer su recado. En el camino hacia el campo de juego, había un sapo. El sapo vio al piojo escabullirse y dijo—: ¿Adónde vas?

—Voy al campo de juego—dijo el piojo—. Tengo un mensaje para los gemelos.

—Hm—dijo el sapo—. No te mueves muy rápido. Tal vez sería mejor que te trague. Puedo saltar más rápido que tú. Te ayudaré a llevar el mensaje.

El piojo estuvo de acuerdo con esto. El sapo sacó su larga y pegajosa lengua. Se tragó al piojo, y luego se fue saltando por el camino. En ese momento el sapo saltó al lado de una serpiente.

—¿A dónde vas?—dijo la serpiente.

—Llevo un mensaje a los chicos que están jugando a la pelota en el campo de juego.

—Hm—dijo la serpiente—. No saltas muy rápido. Tal vez sería mejor que te trague. Puedo deslizarme más rápido de lo que tú puedes saltar. Te ayudaré a llevar el mensaje.

El sapo estuvo de acuerdo con esto, y en ese momento la serpiente se deslizó por el camino, con el sapo en su vientre. La serpiente se encontró con un halcón, que se tragó a la serpiente. Entonces el halcón voló rápidamente hacia el campo de juego y se posó en la pared. Hunahpú e Ixbalanqué estaban jugando a la pelota, pero se detuvieron cuando escucharon el grito del halcón.

—¡Mira! ¡Hay un halcón allí!—dijeron—. Vamos a buscar nuestras cerbatanas.

Los gemelos fueron a buscar sus cerbatanas. Dispararon al halcón, dándole en el ojo. El halcón cayó de la pared, y los gemelos lo recogieron.

—¿Qué hacías allí en la pared?—preguntaron los gemelos.

—He venido con un mensaje para ustedes, pero no lo diré hasta que me curen el ojo—dijo el halcón.

Los chicos estuvieron de acuerdo con esto. Tomaron un pequeño trozo de su pelota de goma y la pusieron en la cuenca del ojo del halcón. Entonces el halcón se curó.

—¡Dinos el mensaje!—dijeron los gemelos al halcón, así que el halcón vomitó la serpiente.

—¡Dinos el mensaje!—dijeron los gemelos a la serpiente, así que la serpiente vomitó el sapo.

—¡Dinos el mensaje!—le dijeron los gemelos al sapo, pero por más que lo intentara, el sapo no pudo vomitar al piojo.

—Creemos que eres un mentiroso—dijeron Hunahpú e Ixbalanqué. Intentaron forzar al sapo a vomitar, pero aún así no pudo vomitar el piojo.

Entonces los chicos abrieron la boca del sapo y encontraron el piojo. El piojo no había sido tragado por el sapo. Estaba ahí dentro de la boca del sapo.

—¡Dinos el mensaje!—le dijeron los gemelos al piojo.

El piojo dijo—: Los señores de la Muerte les ordenan ir a Xibalbá a jugar el juego de pelota en siete días. Deben llevar su propio equipo de juego. Su abuela me pidió que les trajera este mensaje, y por eso llora mucho.

Hunahpú e Ixbalanqué dejaron que el piojo siguiera su camino y regresaron a casa. Allí encontraron a Xmucané y a su madre, llorando.

—No temas, abuela. No temas, madre. Sabemos lo que debemos hacer—dijeron los gemelos.

Hunahpú e Ixbalanqué plantaron cada uno una mazorca de maíz en el centro de la casa. Le dijeron a Xmucané y a Dama Sangre que si las mazorcas se marchitaban, significaba que habían muerto. Pero si las mazorcas florecían, eso significaba que estaban vivos.

Entonces los gemelos tomaron sus cosas de juego. Tomaron sus cerbatanas. Juntos tomaron el camino que lleva a Xibalbá. Cruzaron todos los ríos malignos, pero no sufrieron ningún daño. Cuando llegaron al cruce, Hunahpú tomó un pelo de su pierna y lo convirtió en un mosquito.

—Ve a los señores de Xibalbá—le dijeron los gemelos al mosquito—. Muérdelos, y escucha lo que tienen que decir. Luego ven y cuéntanos lo que has oído.

El mosquito zumbaba hacia la cámara donde estaban sentados los señores de Xibalbá. Allí encontró las dos figuras de madera. Intentó morder a cada una de ellas, pero solo eran de madera. Luego entró en la cámara, donde mordió a Una Muerte.

—¡Ay!—dijo Una Muerte.

—¿Qué pasa, Una Muerte?—dijeron los otros.

—¡Algo me ha mordido!—dijo Un Muerte.

Entonces el mosquito fue a la Siete Muerte, y lo mordió también.

—¡Ay!—dijo Siete Muerte.

—¿Qué pasa, Siete Muerte?—dijeron los otros.

—¡Algo me ha picado a mí también!—dijo Siete Muerte.

Y así, el mosquito picó a todos los señores de la Muerte, y así aprendió todos sus nombres. Pero este no era un mosquito ordinario, ya que estaba hecho de un pelo de la pierna de Hunahpú, y así los gemelos escucharon todo lo que el mosquito había oído. Ahora los gemelos sabían los nombres de todos los señores de Xibalbá.

Hunahpú e Ixbalanqué fueron por el camino negro. Llegaron a la puerta donde estaban las efigies.

—Saluda a estos señores correctamente—dijo una voz.

Pero Hunahpú e Ixbalanqué solo se rieron—. Estos no son señores. Solo son figuras de madera—dijeron.

Luego los gemelos entraron en la cámara donde estaban sentados los señores de Xibalbá. Hunahpú e Ixbalanqué saludaron a cada uno de ellos por su nombre.

Los señores de Xibalbá dijeron—: Siéntense en ese banco.

Pero Hunahpú e Ixbalanqué no se sentaron. Vieron que la piedra del banco se calentaba.

—Entren en esa casa—dijeron los señores de Xibalbá—. Pasen la noche allí, y por la mañana, jugaremos el juego de pelota.

Los mensajeros guiaron a Hunahpú e Ixbalanqué a la casa, que era la Casa de la Oscuridad. El mensajero de Una Muerte les dio a cada uno una antorcha sin encender y un cigarro encendido.

—Lleven estas cosas a la casa con ustedes—dijo el mensajero—. Enciendan las antorchas para que puedan ver, pero deben asegurarse de devolver todo por la mañana, exactamente como está ahora.

Hunahpú e Ixbalanqué no encendieron las antorchas. En su lugar, pusieron algunas plumas rojas brillantes en los extremos, para que parecieran llamas. Luego apagaron los cigarros, pero no antes de convocar algunas luciérnagas. Pusieron las luciérnagas en las puntas de los cigarros. Y así fue como los Xibalbáns pensaron que los gemelos habían encendido las antorchas y estaban fumando los cigarros. Los Xibalbáns los observaron toda la noche, y se regocijaron porque estaban seguros de que los gemelos habían sido derrotados.

Por la mañana, Hunahpú e Ixbalanqué devolvieron las antorchas a los señores, sin quemar, y los cigarros, sin fumar. Los Xibalbáns estaban asombrados—. ¿Quiénes son? ¿Quiénes son sus padres? ¿De dónde vienen? Parece improbable que termine bien para nosotros—dijeron.

Entonces los chicos fueron convocados ante los señores de Xibalbá—. ¿Quiénes son y de dónde vienen?—preguntaron Una Muerte y Siete Muerte.

—Oh, no tenemos ni idea de dónde venimos—dijeron los gemelos.

Entonces los Xibalbáns dijeron—: Vamos a la cancha de juego y juguemos a la pelota. Usaremos nuestra pelota para el juego.

—No—dijeron Hunahpú e Ixbalanqué—. Usaremos nuestra pelota.

—Nuestra pelota es mejor—dijeron los Xibalbáns—. Usaremos esta.

—Esa no es una pelota—dijeron los gemelos—. Es un cráneo.

—No, no lo es—dijeron los Xibalbáns—. Solo se ve de esa manera. Es una pelota con un cráneo dibujado en ella.

—Está bien, usaremos tu pelota—dijeron los gemelos.

Y así comenzó el juego de pelota. Pero cuando la pelota hizo su primer rebote, una daga salió de ella. La pelota rebotó en la cancha, tratando de cortar a los gemelos con la daga.

—¿Es esa la forma de tratar a sus invitados?—dijeron los gemelos—. Nos invitaron aquí para jugar el juego de pelota, pero ahora están tratando de matarnos. Muy bien, nos iremos a casa ahora. No jugaremos.

—No, por favor no se vayan—dijeron los Xibalbáns—. Quédense y jueguen. Usaremos su pelota.

Hunahpú e Ixbalanqué acordaron quedarse—. ¿Qué apostamos?—preguntaron.

—Si ganamos, deben traernos cuatro cuencos de flores—dijeron los señores de la Muerte—, algunos con flores enteras y otros solo con los pétalos.

—Es una apuesta justa—dijeron los gemelos—. Juguemos.

Y así, el juego comenzó. Arriba y abajo de la cancha los jugadores corrían. Fue un juego muy reñido, y los gemelos jugaron bien, pero al final los Xibalbáns ganaron.

—Nos traerán la apuesta por la mañana—dijeron los señores de la Muerte—. Y entonces jugaremos a la pelota otra vez.

Los mensajeros llevaron a Hunahpú e Ixbalanqué a la Casa de los Cuchillos, donde pasarían la noche. Los gemelos podían oír las hojas de los cuchillos chocando entre sí. Cuando entraron en la casa, los gemelos dijeron—: No nos corten. Es mejor que corten la carne de los animales.

Cuando dijeron eso, los cuchillos dejaron de chocar. Los cuchillos no cortaron a Hunahpú e Ixbalanqué. Entonces los gemelos llamaron a las hormigas—. ¡Hormigas! ¡Cortadoras de hojas! ¡Vengan en nuestra ayuda! ¡Vengan a ayudarnos! Recojan pétalos y flores, cuatro cuencos llenos.

Las hormigas aceptaron ayudar a los gemelos. Entraron en el jardín y comenzaron a recolectar pétalos de flores.

Ahora, los señores de Xibalbá habían puesto algunos pájaros para que actuaran como vigilantes. Les dijeron a los pájaros—: ¡No dejen entrar a nadie al jardín! ¡Nadie en absoluto!

Los pájaros aceptaron vigilar el jardín, pero no vieron las hormigas. Solo revoloteaban por los árboles y arbustos, cantando sus canciones nocturnas. Las hormigas subieron a las plantas y cortaron los pétalos de las flores. Cortaron las flores. Incluso se subieron a los pájaros y les cortaron algunas de sus plumas, pero los pájaros no se dieron cuenta. Las hormigas trabajaron toda la noche, recolectando pétalos de flores y flores enteras, y pronto llenaron cuatro cuencos.

Por la mañana, un mensajero fue enviado a la Casa de los Cuchillos para llevar a Hunahpú e Ixbalanqué ante los señores de Xibalbá. Los gemelos entraron en la cámara donde estaban sentados los señores, llevando los cuatro cuencos de pétalos de flores y flores enteras. Los señores de Xibalbá vieron los cuencos llenos de pétalos de flores y flores enteras, y supieron que habían sido derrotados. Llamaron a los pájaros guardias y les dijeron—: ¡Explíquense! Les dijimos que protegieran nuestras flores, pero aquí tenemos cuatro cuencos llenos de pétalos de flores y flores enteras.

—No sabemos qué pasó—dijeron los pájaros—, pero incluso nosotros fuimos atacados. ¡Miren nuestras colas!—y mostraron sus colas a los señores, sus colas con las plumas que las hormigas habían arrancado.

Los señores de Xibalbá estaban muy enojados con los pájaros guardianes, y como castigo, les abrieron la boca totalmente.

Entonces los señores fueron a jugar a la pelota otra vez con los gemelos, pero nadie ganó ese partido.

—Volveremos a jugar por la mañana—dijeron los señores.

—Sí—dijeron los gemelos—, con gusto volveremos a jugar mañana.

Esa noche los Xibalbáns pusieron a Hunahpú e Ixbalanqué en la Casa de Hielo. Hacía un frío increíble dentro de la casa. El aliento de los gemelos se nebulizaba espesamente ante sus caras. Llovía granizo sobre ellos. El granizo cubrió el suelo de la casa, y las paredes y las vigas estaban llenas de hielo. Hunahpú e Ixbalanqué trabajaron rápidamente. Construyeron un fuego de buenos troncos y estuvieron de pie ante él toda la noche.

Cuando los Xibalbáns fueron a buscar a los gemelos por la mañana se dijeron—: ¡Ja! ¡No hay forma de que pudieran haber sobrevivido a la Casa de Hielo! ¡Cuando abramos la puerta, veremos sus cadáveres, y tendremos la victoria!

Pero cuando abrieron la puerta, no vieron los cadáveres de los gemelos. En cambio, vieron a Hunahpú e Ixbalanqué parados allí, perfectamente bien y vivos—. Buenos días—dijeron los gemelos—. ¿Vamos al campo de juego y jugamos?

Al final de ese día, los Xibalbáns pusieron a los gemelos en la Casa de los Jaguares—. Seguramente nunca sobrevivirán esta noche—se dijeron los Xibalbáns.

La Casa de los Jaguares estaba llena de jaguares hambrientos. Los felinos feroces rodearon a los gemelos, gruñendo y merodeando. Hunahpú e Ixbalanqué dijeron—: ¡No nos muerdan, oh Jaguares! ¡Aquí hay huesos para que los devoren!

Y así, los gemelos arrojaron huesos a los jaguares, y los felinos los royeron en su lugar.

Fuera de la casa, los Xibalbáns escucharon el ruido de huesos crujiendo—. ¡Ja!—se dijeron a sí mismos—. Seguro que los jaguares se están comiendo a esos dos. No encontraremos nada de ellos cuando abramos la puerta por la mañana.

Una vez más, los Xibalbáns se decepcionaron, ya que cuando abrieron la puerta de la Casa de los Jaguares, encontraron a Hunahpú e Ixbalanqué perfectamente bien y vivos.

La noche siguiente, los señores de Xibalbá pusieron a los gemelos en la Casa de Fuego, pero no se quemaron en absoluto. Por la mañana, Hunahpú e Ixbalanqué salieron de la casa perfectamente bien y vivos.

La noche siguiente, los gemelos fueron puestos en la Casa de los Murciélagos. Pero estos no eran murciélagos ordinarios: eran grandes Murciélagos de la Muerte, y cualquiera que se acercara a ellos era asesinado instantáneamente. Hunahpú e Ixbalanqué se arrastraron dentro de sus cerbatanas para escapar de los Murciélagos de la Muerte, y allí estaban a salvo.

Durante toda la noche, los gemelos escucharon los gritos de los murciélagos y el batir de sus grandes alas. Los murciélagos hicieron un gran estruendo, durante toda la noche. Pero después de un tiempo, el ruido disminuyó.

—¿Ya es de día?—preguntó Ixbalanqué—. ¿Están los murciélagos dormidos?

—No lo sé—dijo Hunahpú—. Iré a ver.

Hunahpú se arrastró hasta el final de su cerbatana. Sacó la cabeza por el extremo para ver si era de mañana. De repente, un gran Murciélago de la Muerte se abalanzó y le cortó la cabeza a Hunahpú.

Ixbalanqué esperó dentro de su cerbatana, pero cuando no supo nada después de un tiempo, preguntó—: ¿Hunahpú? ¿Ya es de día?

Pero no hubo respuesta.

Ixbalanqué volvió a preguntar—: ¿Ya es de día? ¿Qué ves?

Pero no hubo respuesta, salvo un ligero aleteo de las alas de los murciélagos. Y fue entonces cuando Ixbalanqué supo que habían sido derrotados, y que su hermano estaba muerto.

Los Xibalbáns celebraron la muerte de Hunahpú. Una Muerte y Siete Muerte dijeron—: ¡Que su cabeza sea puesta en la cancha!—y así se hizo.

Mientras tanto, desde el interior de su cerbatana, Ixbalanqué llamó a los animales—. ¡Animales! ¡Oh, animales grandes y pequeños! Vengan a mí; vengan por comida.

Y así, los animales llegaron a donde estaba Ixbalanqué, buscando su comida. Finalmente llegó una tortuga. Vino despacio y con calma, como es el andar de las tortugas. La tortuga se acercó al cuerpo de Hunahpú. Se pegó al cuello de Hunahpú, y así se empezó a formar una nueva cabeza. Corazón del Cielo bajó a la Casa de los Murciélagos para ayudar a hacer una nueva cabeza para Hunahpú.

Toda la noche trabajaron para hacer una nueva cabeza, pero pronto amaneció, y lo único que se había terminado era el exterior. Ixbalanqué llamó al buitre—. ¡Viejo!—gritó Ixbalanqué—. Haz que oscurezca de nuevo.

—Lo haré—dijo el buitre, e inmediatamente se hizo de noche.

Y así, la oscuridad duró hasta que la nueva cabeza de Hunahpú estaba completamente terminada, y entonces el amanecer se rompió en el cielo oriental. Entonces Hunahpú e Ixbalanqué consultaron entre sí. Planearon lo que iban a hacer—. Los señores querrán volver a jugar a la pelota—dijo Ixbalanqué—. Tú quédate atrás; déjame jugar a mí. —Entonces Ixbalanqué llamó a un conejo—. Oh, conejo—dijo—, ve y escóndete allí cerca del campo de juego. Cuando golpee la pelota hacia ti, salta a través del campo de juego.

El conejo fue al lugar donde debía esconderse. Ixbalanqué y Hunahpú fueron al campo de juego. Cuando los Xibalbáns vieron a Hunahpú, dijeron—: ¡Ja! Ya los hemos derrotado. No sabemos por qué se han molestado en venir aquí. ¡Quizás deberíamos golpearte la cabeza con la pelota!

Esto enojó mucho a Hunahpú, pero no les dio ninguna respuesta. Y así, comenzaron su juego de pelota. Jugaron arriba y abajo de la cancha, pero Hunahpú se quedó atrás e hizo muy poco. Ixbalanqué jugó por ambos en su lugar. Después de un tiempo, los Xibalbáns golpearon la pelota hacia el aro. Ixbalanqué bloqueó el tiro, y envió la pelota rebotando hacia el lugar donde se escondía el conejo. Cuando la pelota llegó allí, el conejo cruzó el campo de juego como Ixbalanqué le había pedido. El conejo saltó y rebotó como la pelota, y así los Xibalbáns fueron corriendo detrás del conejo.

Mientras los Xibalbáns perseguían al conejo, los gemelos corrieron al lugar donde estaba la verdadera cabeza de Hunahpú. Tomaron esa cabeza y la reemplazaron con la cabeza que había sido hecha de la tortuga. Volvieron a poner la verdadera cabeza de Hunahpú en su cuerpo, y lo dejaron entero. Riendo de alegría, los gemelos fueron al lugar donde estaba la verdadera pelota. La trajeron de vuelta al campo de juego. Llamaron a los señores de Xibalbá diciendo—: ¡Miren! Tenemos la pelota aquí. Terminemos nuestro juego.

Los señores regresaron, y jugaron a la pelota con los gemelos. Ahora que Hunahpú tenía su propia cabeza de vuelta, podía volver a jugar correctamente. De un lado a otro y de arriba a abajo de la cancha, los gemelos jugaban duro contra los Xibalbáns. No importaba cuánto lo intentaran los Xibalbáns, no podían derrotar a los gemelos. El juego terminó en un empate. Al final, Ixbalanqué lanzó el balón a la cabeza falsa de Hunahpú, donde estaba en la cancha. La cabeza cayó de la pared, y se separó cuando golpeó el suelo.

—¿Qué es eso?—preguntaron los señores de Xibalbá—. ¿Quién puso eso ahí?

Y así fue como Hunahpú e Ixbalanqué derrotaron a los señores de Xibalbá. Los señores sometieron a los gemelos a muchas pruebas, pero cada vez Hunahpú e Ixbalanqué los derrotaron y no murieron.

Las muertes y resurrecciones de Hunahpú e Ixbalanqué

Aunque Hunahpú e Ixbalanqué habían pasado por muchas pruebas, sabían que no había manera de que los Xibalbáns los dejaran salir con vida. Así que los gemelos llamaron a dos sabios adivinos para que les dieran instrucciones sobre qué hacer con sus cuerpos.

Los gemelos dijeron—: Los Xibalbáns seguramente nos matarán; no saldremos de aquí con vida. Creemos que nos quemarán. Esto es lo que deben decir cuando les pregunten qué hacer con nuestros huesos. Díganles que no tiren los huesos al cañón; volveremos a la vida si lo hacen. Díganles que no cuelguen nuestros huesos en los árboles; eso solo les recordará todas las veces que los derrotamos. Díganles que esparzan nuestros huesos en el río, pero que primero deben moler los huesos en polvo. Deben moler bien nuestros huesos, como la mejor harina de maíz, y luego verterla en el río.

—Haremos lo que dicen—dijeron los adivinos.

Mientras los gemelos hablaban con los adivinos, los señores de Xibalbá hacían una gran hoguera. La hacían para matar a Hunahpú e Ixbalanqué. Cuando el fuego estaba hecho y muy caliente, los Xibalbáns fueron a buscar a los gemelos—. ¡Juguemos un juego con el fuego!—dijo Una Muerte y Siete Muerte—. ¡Volemos a través de él, y veamos quién sale vivo!

Pero los gemelos no se dejaron engañar por esto—. Sabemos que quieren matarnos—dijeron—, así que terminemos esa tarea ahora mismo.

Y así, los gemelos se abrazaron, y luego saltaron a la hoguera, donde murieron. Los Xibalbáns celebraron las muertes de Hunahpú e Ixbalanqué. Cantaron y bailaron. Saltaron y gritaron. Y cuando su celebración terminó, llamaron a los adivinos.

—¿Qué haremos con sus huesos?—preguntaron los Xibalbáns.

—Molerlos en polvo, molerlos como la más fina harina de maíz, y luego verterla en el río—dijeron los adivinos.

Los Xibalbáns molieron los huesos en polvo. Vertieron el polvo en el río. El polvo se alejó flotando por el río, pero pronto comenzó a hundirse en el fondo. Allí, en el fondo del río, el polvo se acumuló. Se juntó por sí mismo, y se convirtió en dos chicos. Se convirtió en dos hermosos niños, y Hunahpú e Ixbalanqué volvieron a estar vivos.

Después de cinco días, salieron del río y comenzaron a mostrarse a la gente, pero para la gente no parecían chicos guapos: parecían gente pez. Cuando los Xibalbáns se enteraron de que los gemelos estaban vivos de nuevo, comenzaron a buscarlos en todos los ríos, pero no los encontraron.

Luego los gemelos se vistieron con trapos. Se hicieron pasar por huérfanos. Dondequiera que iban, realizaban bailes y hacían milagros. Quemaban casas y luego las arreglaban, como si nada hubiera pasado. Uno de ellos mataba al otro y luego lo devolvía a la vida. Los Xibalbáns observaron todo esto, maravillados por las acciones de estos extraños huérfanos. Los Xibalbáns observaron, sin saber que de esta manera los gemelos estaban plantando las semillas de su victoria sobre los señores de la Muerte.

Muy pronto, la noticia de su hábil baile llegó a oídos de Una Muerte y Siete Muerte. Llamaron a sus mensajeros—. Vayan a buscar a estos huérfanos—dijeron Una Muerte y Siete Muerte—. Díganles que les ordenamos que se presenten ante nosotros y realicen sus danzas y sus milagros. Hemos oído hablar de su habilidad y deseamos verla por nosotros mismos.

Los mensajeros fueron a Hunahpú e Ixbalanqué. Entregaron el mensaje de Una Muerte y Siete Muerte. Pero los gemelos se negaron a ir—. No queremos bailar ante los señores de la Muerte—dijeron—. No somos más que pobres huérfanos. No pertenecemos a una casa señorial como la suya. Es mejor que no vayamos.

Los mensajeros insistieron en que los gemelos debían ir. Los mensajeros los intimidaron y los amenazaron. Finalmente, los gemelos aceptaron ir, pero fueron muy, muy despacio, con una gran muestra de reticencia.

Finalmente, Hunahpú e Ixbalanqué llegaron a la cámara de Una Muerte y Siete Muerte, donde estaban sentados con los otros señores de Xibalbá. Los gemelos se postraron ante los señores. Se inclinaron, se comportaron de la manera más humilde.

—¿Quién es su pueblo?— preguntaron los señores—. ¿De dónde vienen?

—Solo somos pobres huérfanos—respondieron los gemelos—. Nunca hemos conocido a nuestros padres. No sabemos de dónde venimos.

—No importa, entonces—dijeron los señores—. Realicen sus danzas y milagros ahora. Les pagaremos cuando hayan terminado.

—Oh, no requerimos ningún pago, señores—dijeron los gemelos—. Este lugar es muy aterrador. Estamos realmente asustados.

—No teman—dijeron Una Muerte y Siete Muerte—. Ejecuten sus danzas y milagros. Hagan los bailes. Hagan el milagro de hacer un sacrificio y luego tráiganlo de vuelta a la vida. Quemen nuestra casa y luego restáurenla. Demuéstrennos todas las maravillas que pueden hacer, y serán generosamente recompensados.

Y así, los gemelos comenzaron a bailar. Hicieron la danza del armadillo. Hicieron la Danza de la comadreja. Hicieron la danza del búho, y muchos otros bailes. Los Xibalbáns los observaron con gran asombro y deleite, pues Hunahpú e Ixbalanqué eran bailarines muy hábiles.

—Ahora hagan el truco del sacrificio—dijo Una Muerte—. Corta a mi perro y tráelo de vuelta a la vida.

Los gemelos sacrificaron al perro. Cortaron al perro en pedazos, y luego lo trajeron de vuelta a la vida. Cuando el perro volvió a la vida, estaba muy feliz y movía la cola.

—Ahora quemen mi casa—dijo Una Muerte—. Quemen mi casa y restáurenla de nuevo.

Hunahpú e Ixbalanqué quemaron la casa. La quemaron con todos los señores dentro, pero nadie resultó herido. Quemaron la casa y luego la restauraron, como si nada hubiera pasado. Los Xibalbáns se maravillaron de esto. Estaban encantados con el milagro de la casa en llamas que fue restaurada.

Luego los señores exigieron que los gemelos sacrificaran a una persona y la revivieran. Los gemelos tomaron una persona y le cortaron el corazón. Tomaron el corazón y se lo mostraron a los señores. Luego trajeron a la persona de nuevo a la vida, y él estaba muy feliz de que le devolvieran la vida.

—¡Eso es maravilloso!—gritaron los señores—. Ahora sacrifíquense el uno al otro. Hagan ese, donde se sacrifican el uno al otro y vuelven a la vida de nuevo.

—Muy bien—dijeron los gemelos, y así Ixbalanqué sacrificó a Hunahpú. Ixbalanqué cortó el cuerpo de su hermano en pedazos. Los señores de Xibalbá vieron esto con gran deleite. Luego Ixbalanqué devolvió la vida a Hunahpú, y los señores estaban aún más felices y asombrados.

—¡Oh!—dijo Una Muerte y Siete Muerte—. ¡Eso es una maravilla! ¡Ahora hagan eso con nosotros! ¡Sacrifíquennos y devuélvannos a la vida!

—Muy bien—dijeron los gemelos. Y así, sacrificaron Una Muerte y Siete Muerte. Los gemelos arrancaron los corazones de los señores de la Muerte, pero no los devolvieron a la vida. Los gemelos los dejaron morir, como castigo por sus fechorías.

Un tercer Señor se acobardó ante Hunahpú e Ixbalanqué—. ¡No me maten!—gritó—. ¡Tengan piedad!

Pero cuando los otros Xibalbáns vieron lo que había pasado con Una Muerte y Siete Muerte, huyeron, porque temían que Hunahpú e Ixbalanqué los sacrificaran después. Corrieron y corrieron. Corrieron al borde de un cañón y se lanzaron al borde, pensando que podían esconderse allí. Pero eran tantos, que pronto el cañón se llenó completamente con los cuerpos de los Xibalbáns.

Pronto las hormigas descubrieron el cañón lleno de cuerpos. Las hormigas corrieron hacia el cañón. Escalaron por todos los Xibalbáns. Esto hizo que los Xibalbáns salieran del cañón. Se presentaron ante los gemelos y les rogaron piedad.

Fue entonces cuando Hunahpú e Ixbalanqué revelaron quiénes eran realmente. Dijeron sus nombres ante los Xibalbáns reunidos—. Somos Hunahpú e Ixbalanqué—dijeron—, y somos los hijos de Un Hunahpú y Siete Hunahpú, que vinieron a su reino y fueron asesinados por ustedes. Vinimos aquí para vengar sus muertes. Vinimos aquí, y nos hicieron pasar por muchas pruebas dolorosas. Por esas fechorías, los mataremos a todos.

Cuando los Xibalbáns oyeron esto, todos cayeron de rodillas ante los gemelos—. ¡No, no!—gritaron—. ¡No nos maten! ¡Tengan piedad! Nuestros actos contra sus padres seguramente estaban mal; lo confesamos. Confesamos que nuestras acciones contra ellos fueron malas y que los matamos y los enterramos cerca del campo de juego. Lo sentimos mucho. ¡Tengan piedad!

Hunahpú e Ixbalanqué escucharon las súplicas de los Xibalbáns. Escucharon sus gritos de misericordia y dijeron—: Muy bien. No les mataremos. Pero aun así deben ser castigados. Nunca más recibirán buenas ofrendas. Las suyas serán savia de crotón, no sangre fresca. Nunca tendrán ofrendas de bienes sanos, sino solo las que estén rotas y desgastadas. Nunca más serán capaces de aceptar a la gente buena. Solo aquellos que realmente han hecho el mal serán para ustedes.

Y así fue como los señores de Xibalbá perdieron su estatus. Se rebajaron en su rango. Nunca habían sido dioses, pero aún así la gente los honraba. Pero después de la llegada de Hunahpú e Ixbalanqué a Xibalbá, fueron hechos indignos de honor o adoración. Eran indignos porque eran falsos e infieles, porque tenían malos corazones. Hunahpú e Ixbalanqué humillaron a los señores de Xibalbá. Les quitaron su rango y estatus.

Ahora, mientras Hunahpú e Ixbalanqué estaban en Xibalbá, su abuela Xmucané había visto las espigas de maíz que los gemelos habían plantado dentro de la casa. Durante muchos días, el maíz estaba verde y creciendo, pero cuando Hunahpú e Ixbalanqué saltaron a la hoguera, el maíz se marchitó y murió. Xmucané vio que los gemelos habían muerto, y se puso a llorar mucho. Derramó muchas lágrimas amargas y quemó incienso ante el maíz, en memoria de sus nietos. Pero entonces los niños volvieron a la vida, y también el maíz. Xmucané vio esto y se regocijó. Celebró cuando el maíz volvió a la vida.

Xmucané adoraba las plantas de maíz renacidas. Les dio un nuevo nombre. Las llamó "Centro de la Casa" y "Cañas Verdes". Así Xmucané honró a sus nietos. Así honró su memoria.

Después de que Hunahpú e Ixbalanqué derrotaron a los señores de Xibalbá, buscaron el lugar donde habían sido enterrados Un Hunahpú y Siete Hunahpú. Fueron a buscar los pedazos del cuerpo de Un Hunahpú. Encontraron muchos de los pedazos, pero no pudieron encontrar todo. Encontraron la cabeza de Un Hunahpú, pero cuando se le pidió que dijera su nombre, no pudo.

Cuando los gemelos se dieron cuenta de que no podían devolverle la vida a su padre, dijeron—: Consuélate, padre. Consuélate, tío. Sus nombres no serán olvidados. El nombre de Hunahpú siempre pertenecerá a este lugar.

—Hemos vengado sus muertes. Hemos vengado todas las fechorías cometidas contra ustedes por los señores de Xibalbá. Que sus corazones estén en paz.

Entonces Hunahpú e Ixbalanqué se elevaron a los cielos. Se elevaron, se elevaron, en lo alto del cielo. Uno se convirtió en el sol y el otro en la luna. Vivieron juntos en el cielo para siempre.

Con ellos se levantaron los cuatrocientos muchachos que habían sido asesinados por Zipacná. Los cuatrocientos chicos se elevaron al cielo con Hunahpú e Ixbalanqué, y allí se convirtieron en una constelación.

Y este es el final de la historia de Hunahpú e Ixbalanqué, y de todas sus acciones, y de su transformación cuando sus hazañas fueron realizadas.

PARTE III: TRES CUENTOS POPULARES MAYAS

El hombre que se convirtió en un buitre

Esta historia de un hombre perezoso que se convierte en un buitre existe en múltiples variantes en toda América Central. En algunas historias, el hombre es transformado permanentemente, mientras que en otras se le permite retomar su forma humana. Cualquiera que sea su final, cada una de estas historias es un cuento con moraleja sobre el valor del trabajo duro y de aceptar el lugar que uno ocupa en el mundo. En este recuento, sigo el final relatado por Martha Schmitt en su colección de leyendas centroamericanas.

Había una vez un granjero que vivía con su esposa, y eran muy pobres. La razón por la que eran tan pobres era que el marido era extremadamente perezoso. Todos los días salía a sus campos, pero en lugar de trabajar duro cuidando sus cultivos y limpiando la tierra, hacía solo un pequeño trabajo por la mañana y luego durante el resto del día se sentaba bajo un árbol sombreado y tomaba una siesta, o iba al río y remaba en el agua, o se tumbaba de espaldas y miraba las nubes flotando en el cielo. Y así, sus cosechas nunca crecieron bien, y nunca tuvo espacio para plantar más, porque no hizo su trabajo.

Un día, mientras el hombre estaba tumbado de espaldas mirando al cielo, vio un buitre que volaba en círculos lentos en el aire sobre él–. ¡Qué vida!–se dijo el hombre a sí mismo–. Qué vida debe ser, volar así por el aire y no tener que trabajar nunca. Ojalá pudiera ser como ese buitre. Entonces estaría contento de verdad.

Entonces el hombre tuvo una idea.

—¡Eh!–le gritó al buitre–. ¡Eh! ¡Baja aquí y habla conmigo!

El buitre voló en círculos lentos sobre el hombre. Voló, dando vueltas y vueltas, y el hombre comenzó a pensar que tal vez el buitre no lo había oído. Pero entonces el buitre comenzó a descender, siempre dando vueltas, hasta que finalmente aterrizó en el campo junto al hombre.

—¿Qué quieres?–dijo el buitre.

—Tengo una idea para ti–dijo el hombre–. Te he visto dando vueltas en el cielo, sin ninguna preocupación, mientras que yo tengo que trabajar muy duro aquí abajo en la tierra. Y por eso, tengo una idea que ofrecerte. ¿Qué tal si cambiamos de lugar? Podría ponerme tus plumas y volar, y tú podrías ponerte mi ropa y trabajar en mi granja.

—Bueno–dijo el pájaro–, ser un buitre podría no ser tan bueno como crees que es. Sí, volamos por ahí, pero eso es porque buscamos comida. Comemos animales muertos, ya sabes. Los que están muertos y pudriéndose. Cuanto más podridos mejor. Eso es lo que tendrías que comer.

—Sí, lo sé–dijo el hombre–. Sé que los buitres comen carne podrida. Creo que podría hacerlo, si eso significara que no tuviera que trabajar más. Si te cambiaras de lugar conmigo, podrías comer la buena comida que cocina mi esposa. Nuestra comida es muy simple, y no tenemos mucho, pero ella la cocina bien.

El buitre pensó por un momento, y luego dijo–: Está bien. Me cambiaré de lugar contigo. Dame tu ropa y tu piel y te daré mis plumas.

El hombre se quitó la ropa y la piel y se las dio al buitre. El buitre se quitó las plumas y se las dio al hombre. Y pronto en el campo había un buitre y un hombre, pero habían cambiado de lugar. El hombre con las plumas de buitre se alejó hacia el cielo y voló en dos círculos sobre el campo, luego regresó al suelo.

—¡Bien!—dijo el hombre, que se había convertido en buitre—. Ahora soy un buitre. Me gustan mis alas. ¡Gracias por cambiar conmigo! Ahora, déjame mostrarte dónde está mi casa, para que conozcas a mi esposa. Me bajaré en el tejado, y sabrás que esa es mi casa.

El hombre agitó sus nuevas alas y se fue volando al cielo. El buitre movió sus nuevas piernas y caminó. Juntos fueron a la casa del hombre, donde el hombre que se había convertido en un buitre se posó en el techo. Una vez que el buitre que se había convertido en hombre supo qué casa era, el hombre se fue volando. El buitre en la piel del hombre entró en la casa del hombre. Fue a saludar a la esposa del hombre, pero ella lo alejó—. ¡Oh!—gritó ella—. ¡Oh, hueles tan, tan mal! ¿Qué has estado haciendo, que hueles de esa manera?

—He estado trabajando en el campo—dijo el buitre—. Es un trabajo muy duro, y estoy sudando mucho. Por eso huelo mal.

—Espera aquí—dijo la esposa—. Iré a prepararte un baño.

La esposa preparó una cabaña de sudar para el buitre. El buitre se quitó la ropa del hombre y se metió en la cabaña de sudar, pero no le gustó mucho. Hacía mucho calor y estaba muy húmedo. Se puso muy incómodo, así que dejó la bañera y volvió a la casa, a pesar de que todavía olía mal y no estaba nada limpio.

Mientras tanto, el hombre de las plumas de buitre decidió disfrutar de sus nuevas alas. Subió, subió, subió al cielo y comenzó a volar en círculos. Estaba muy contento de ser un buitre—. ¡Esto es vida!—dijo—. ¡Esta es la forma de ser, volando en círculos, aquí arriba en el cielo!

Después de un tiempo, empezó a tener hambre. Pensó en lo que tendría que comer como buitre, y eso le hizo mal al estómago. Incluso ser capaz de volar por el cielo no era suficiente para que quisiera seguir siendo un buitre si tenía que comer animales muertos y podridos. Decidió volver a casa. Voló sobre su casa y dio unas cuantas vueltas por encima del tejado antes de aterrizar en el suelo fuera de la puerta. Luego entró en la casa. Saltó, saltó, saltó, como hacen los buitres, porque todavía llevaba las plumas de buitres.

Vio al buitre que llevaba su piel dentro de la casa discutiendo con su esposa.

—¡Todavía hueles muy mal! ¿No has terminado tu baño?—dijo la esposa.

—No, no lo hice. No me gusta nada ese baño—dijo el buitre—. Está demasiado caliente y demasiado húmedo. De todos modos, no puedo evitar mi olor, ¿verdad? Siempre he olido así.

Entonces la esposa vio al hombre que se había convertido en buitre. Ella gritó cuando vio el pájaro grande y feo que estaba allí en la casa.

—¡Rawk, rawk!—graznó el pájaro. Era el hombre, tratando de decirle a su esposa que era su marido, pero ella no lo entendió. En su lugar, ella agarró una escoba y comenzó a tratar de golpear al enorme pájaro.

—¡Rawk!—graznó el pájaro, mientras trataba de saltar fuera del camino de la escoba.

—¡Espera!—dijo el buitre que se había convertido en hombre—. ¡Espera! ¡No le hagas daño a ese pájaro! Es tu marido. Él y yo cambiamos de lugar. Él quería intentar ser un buitre, y yo quería intentar ser un hombre. Por eso huelo tan mal.

—¡Bueno, vuelve a cambiar!—dijo la mujer—. Devuélvele su piel y su ropa, y él te devolverá tus plumas.

—No podemos volver a cambiarnos—dijo el buitre—. Tenemos que seguir siendo como somos.

La mujer empezó a llorar, porque aunque su marido era muy perezoso, todavía lo amaba. El hombre que se había convertido en buitre también estaba muy triste, porque amaba a su esposa, y aunque todavía podía volar por el cielo, ahora solo podía comer carne podrida en lugar de la buena cocina de su esposa. Y aunque el buitre que se había convertido en hombre podía comer la buena cocina, ahora tenía que trabajar muy, muy duro, y tomar baños cuando su esposa se lo pedía.

Cómo el Sol y la Luna se convirtieron en marido y mujer

Los tropos del anciano que no desea que su hija se case y de la joven pareja que debe pasar por una dura prueba antes de poder casarse son comunes a muchas culturas. En este cuento de Guatemala, estos tropos se entrelazan en una historia que explica la creación de la luna, las serpientes y muchos tipos de insectos.

Hace mucho, mucho tiempo, cuando el mundo era nuevo, había un anciano que vivía solo con su única hija. La hija era muy hermosa, y era muy hábil y trabajadora. Sabía cómo hilar y tejer, sabía coser, sabía cómo mantener un buen jardín, y cómo cocinar deliciosos alimentos. Cuidaba muy bien de su padre, y él la cuidaba, y juntos eran muy felices.

Un día, el Sol vio por casualidad a la hija del anciano, que estaba sentada fuera hilando un hilo nuevo. El Sol la miró y se enamoró. ¡Era tan hermosa! Su largo pelo negro brillaba a la luz, sus ojos oscuros brillaban con alegría, y sus fuertes dedos trabajaban rápida y bien con su huso e hilo. En ese mismo momento, el Sol decidió que debía tener a la joven como su esposa.

El Sol decidió que se convertiría en cazador e impresionaría a la joven con su fuerza y destreza en la caza. Seguramente así ganaría su corazón, y podrían casarse y vivir juntos con gran felicidad. Pero no había mucha caza en la parte del bosque donde el viejo vivía con su hija, así que el Sol pensó en una forma de engañar a la joven para que pensara que era un buen cazador. Encontró la piel de un ciervo, la llenó de cenizas y hierba seca y la cosió para que pareciera que había capturado un animal fino y gordo que alimentaría bien a la familia. Luego puso el falso ciervo sobre sus hombros, y pasó por la casa del viejo donde la hija estaba sentada trabajando en su huso.

Y así, durante muchos días, el Sol tomó la forma de un joven guapo y fuerte. Por las mañanas pasaba por delante de la casa del viejo con su arco y flechas, y por las tardes volvía con el gordo y falso ciervo sobre sus hombros, como si acabara de matarlo e iba a casa a cocinarlo y comerlo. La joven se dio cuenta de que el joven andaba caminando a zancadas, aunque no le dio ninguna pista de que lo estaba buscando, porque estaba bien para verlo, con su pelo negro y grueso y sus cálidos ojos marrones, sus anchos hombros y sus finas y fuertes piernas. Seguramente sería un buen marido para una mujer afortunada, tan guapa como él, y tan hábil en la caza, ya que nunca dejaba de volver a casa con un ciervo gordo

Una mañana, después de que el joven pasara por la casa del viejo, la hija fue a su padre y le dijo—: Padre, creo que ese joven cazador sería un buen marido para mí. Es muy guapo y siempre vuelve a casa con un ciervo gordo.

—Hm—dijo el viejo—. No estoy seguro de eso. No hay mucha caza en esta parte del bosque. Podría estar engañándote. Los jóvenes hacen ese tipo de cosas, a veces. La próxima vez que pase, tira un poco de agua al suelo delante de él. Eso podría decirte algo sobre él.

Esa tarde, la joven se sentó frente a la casa de su padre lavando maíz en un tazón lleno de agua. Muy pronto, el joven cazador apareció a la vista, con el ciervo en sus hombros. Recordando lo que su padre había dicho, la joven puso el maíz en otro cuenco y luego tiró el agua al suelo en el camino del cazador. Cuando su pie tocó la tierra húmeda, el cazador resbaló y cayó. Aterrizó justo encima del falso ciervo, rompiendo las costuras y enviando una gran nube de ceniza al aire. La mujer vio esto y jadeó. El Sol se sintió muy avergonzado, porque ahora su truco quedó expuesto ante ella, así que se transformó en un colibrí y se fue volando.

Pero a pesar de que su truco con la piel de venado había salido mal, el Sol seguía enamorado de la hermosa joven, y no podía alejarse de ella. En forma de colibrí, iba al jardín del viejo y revoloteaba entre las flores, y de esa manera, observaba a la joven en su trabajo. Un día, la joven notó el colibrí volando en el jardín y sorbiendo néctar. El pájaro era tan bonito, con plumas brillantes y relucientes, que ella quería tenerlo para sí misma, y no sabía que este pequeño pájaro era el Sol disfrazado.

La joven fue a su padre y le dijo—: Padre, ¿quieres coger tu cerbatana y atrapar ese colibrí para mí?

—Por supuesto, querida—dijo el viejo, y salió al jardín y ¡PHUT! disparó al colibrí y lo tiró al suelo, aturdido. La joven corrió a recoger la bola de plumas pequeñas. Lo acunó cuidadosamente en sus manos, y luego lo llevó a la casa, donde lo puso en su habitación.

Esa noche, mientras la joven dormía, el Sol volvió a tomar la forma de un joven. La joven se despertó y lo encontró allí en su habitación.

—¿Qué estás haciendo aquí?—dijo ella—. ¿Quién eres? Si mi padre te encuentra aquí, ¡nos matará a los dos!

—No tengas miedo—dijo el hombre—. Soy el joven cazador que trató de engañarte con el ciervo, pero fuiste demasiado lista para mí. Y yo soy el colibrí que bebió néctar de las flores de tu jardín, pero tu padre me capturó con su cerbatana. Te vi sentada en el jardín de tu padre hace muchos, muchos días, y me enamoré de ti. ¡Ven conmigo y sé mi esposa! Viviremos juntos muy felizmente, eso te lo prometo.

—¡Oh!—dijo la joven—. Me gustaría mucho ir contigo, pero no es seguro. Mi padre tiene una piedra mágica, en la que puede ver todo lo que quiera, tanto de cerca como de lejos. Y tiene una cerbatana mágica que podría usar para matarnos. Nunca seríamos capaces de alejarnos de él.

—No importa eso—dijo el Sol—. Lo haré seguro para nosotros; ya lo verás.

Arrastrándose por la casa tan silenciosamente como dos ratones, ambos jóvenes fueron al lugar donde el viejo guardaba su piedra mágica y su cerbatana mágica. El Sol tomó un poco de ceniza y la vertió sobre la piedra, para que el viejo no pudiera ver nada en ella. Luego tomó un poco de polvo de chile molido y lo puso dentro de la cerbatana. Una vez hecho esto, la pareja se escabulló por la puerta y se adentró en el bosque.

Por la mañana, el viejo se despertó y llamó a su hija, pero ella no respondió. Recorrió la casa y el jardín buscándola, pero no la encontró. Enfadado por la huida de su hija, el viejo fue al lugar donde guardaba su piedra mágica. La recogió e intentó ver adónde había ido la joven, pero no pudo ver a través de la ceniza que el sol había vertido sobre ella. De repente, vio que había un lugar donde no había ceniza, porque el Sol no había tenido el suficiente cuidado en cubrir toda la piedra. En ese pequeño punto de la piedra, el viejo vio a su hija con un joven en el río en una canoa.

El viejo tembló de rabia. ¡Cómo se atrevía su hija a irse con un joven sin su permiso! Tomó su cerbatana y salió a buscar a la joven pareja. Se llevó la cerbatana a los labios y respiró para poder disparar, pero en lugar de aire, respiró el polvo de chile molido. ¡El viejo tosía y tosía y le lagrimeaban los ojos! ¡Cómo le ardía la garganta y la boca! El viejo estaba furioso. Llamó al relámpago para que fuera a derribar al joven y a su hija.

El Sol y la joven estaban en la canoa, remando tan rápido como podían para alejarse del viejo. El Sol se dio cuenta de que un rayo se acercaba—. ¡Salta al agua!—dijo, y luego se lanzó al río, donde se convirtió en una tortuga y nadó tan rápido como pudo hacia el fondo del río. La joven también saltó al agua, donde se convirtió en un cangrejo. Pero no podía nadar tan rápido como la tortuga, así que cuando el rayo golpeó el agua, la golpeó.

La sangre de la joven se extendió lentamente por la superficie del agua. El Sol nadó desde las profundidades del río, hasta donde vio la sangre de su amada flotando en la superficie. El Sol lloró de pena. Llamó a las libélulas para que le ayudaran, pidiéndoles que recogieran la sangre para él. Las libélulas hicieron lo que el Sol les pidió. Recogieron toda la sangre, poniéndola en pequeñas botellas. Cuando terminaron, le dieron las botellas al Sol, quien las escondió en un lugar seguro.

Después de cierto tiempo, el Sol volvió al lugar donde había escondido las botellas. Abrió la primera, y una gran cantidad de serpientes salieron disparadas. Abrió la segunda, y una nube de avispas zumbaba de ella hacia el cielo. El Sol abrió botella tras botella, y de cada una salió un tipo diferente de pequeña criatura, que luego voló o se arrastró. Y así es como las serpientes y muchos tipos de insectos llegaron a estar en el mundo.

Finalmente, el Sol abrió la última botella. En esa botella estaba la joven mujer, tan bella como siempre, con su largo y brillante pelo oscuro, y sus alegres ojos y hábiles dedos. El Sol la tomó de la mano y la llevó al cielo con él, donde pudo contemplar su belleza y donde ella pudo deleitarse con su fuerza, ya que cuando subió con él, se transformó en la Luna. Y allí en los cielos el Sol y la Luna han vivido felices como marido y mujer desde entonces.

Conejo recibe su bebida

El conejo es un embaucador en la cultura Maya, como lo es en muchas otras. En esta historia de Nicaragua, el conejo necesita encontrar una manera de llegar al pozo de agua de forma segura, lo cual, por supuesto, hace por medio de un truco.

Como todo el mundo sabe, Conejo es un animal inteligente. Vive de su ingenio, siempre metiéndose en problemas y luego saliendo de ellos de nuevo. Un pueblo tuvo problemas constantes con Conejo. Siempre estaba metiéndose en sus jardines y robando sus verduras, y haciendo otras cosas traviesas. Los aldeanos fueron a ver al rey y le dijeron—: No podemos soportar más las travesuras de Conejo. Debes librarnos de él.

El rey era un hombre sabio, y sabía lo inteligente que era Conejo. También tenía muchas otras cosas importantes que hacer además de tratar con los conejos traviesos. Le dijo a los aldeanos—: Muy bien. Si lo atrapan y me lo traen aquí, yo me encargaré de él.

Los aldeanos pensaron que era un trato justo, así que fueron a casa y convocaron una reunión para decidir cómo atrapar a Conejo. Pensaron en trampas que podrían poner, pero luego recordaron que todas las trampas que habían intentado en el pasado habían fallado. Entonces alguien dijo—: ¿Por qué no lo esperamos en el pozo de agua? Todos los animales van allí a beber. Eventualmente, Conejo tendrá sed, y también irá al abrevadero. Entonces podemos agarrarlo mientras bebe y llevárselo al rey.

Los otros pensaron que este era un plan espléndido. Fueron al abrevadero y se escondieron entre los árboles y arbustos, esperando que Conejo viniera a buscar su bebida. Esperaron y esperaron, sin saber que cuando se reunieron, Conejo se había escondido cerca. Conejo escuchó todo lo que los aldeanos decían. Sabía que el abrevadero ya no era un lugar seguro para él, pero también sabía que pronto tendría sed. Conejo se puso a pensar, y pronto tuvo un plan. Engañaría a los aldeanos. Entonces sería capaz de beber toda el agua que quisiera. Y los aldeanos no podrían hacer nada al respecto.

Primero Conejo fue a otro pueblo, uno donde la gente no lo conocía. Siguió por la calle hasta que llegó a una zapatería. El zapatero estaba sentado fuera de su tienda, trabajando en un bonito par de zapatos nuevos.

—¡Buenos días!—le dijo Conejo al zapatero—. Un buen y caluroso día, ¿no es así?

—¡Buenos días!—dijo el zapatero—. Sí, hace mucho calor y está muy bien.

—Tal vez deberías entrar—dijo Conejo—. Veo que eres muy trabajador. Ya has hecho muchos zapatos bonitos hoy. ¿Por qué no entras y te tomas una buena bebida fresca? Te lo mereces.

—Creo que tengo sed—dijo el zapatero—. Haré lo que me sugieres.

Tan pronto como el zapatero entró, Conejo eligió un bonito par de zapatos rojos y se fue con ellos. Conejo se fue por el camino durante algún tiempo. Entonces vio a un hombre que se acercaba a él. El hombre llevaba una pesada calabaza a la espalda, el tipo de calabaza que la gente suele llenar con miel dorada y dulce.

—¡Oh!—se dijo Conejo a sí mismo—. Esa calabaza probablemente esté llena de miel. La miel dulce sería una delicia en este momento, ¡y es justo lo que necesito para mi truco!

A Conejo se le cayó uno de los zapatos en medio de la carretera, y luego saltó a un lado y se escondió en unos arbustos. Muy pronto, el hombre llegó y encontró el zapato.

—¿Qué es esto?—dijo el hombre, agachándose para recoger el zapato—. Este es un zapato muy bonito, y del tamaño justo para mi hija. Por desgracia, es un solo zapato, así que no nos sirve de nada.

El hombre dejó caer el zapato en el camino donde lo había encontrado, y continuó su viaje.

Conejo estaba encantado. Eso era exactamente lo que quería que hiciera el hombre. Conejo cogió el zapato que quedaba y corrió con él por la carretera, delante del hombre. Conejo puso el otro zapato en el camino donde el hombre lo encontraría, y luego se escondió en los arbustos de nuevo. Cuando el hombre encontró el zapato, lo cogió y dijo—: ¡Oh! Este coincide con el que vi allí atrás. Ahora tendré un buen par de zapatos para darle a mi hija. Pero primero dejaré mi calabaza; es pesada, y no hay razón para llevarla de un lado a otro.

—y así, el hombre dejó su calabaza en el camino, y fue a buscar el primer zapato.

Tan pronto como el hombre dio la vuelta, Conejo salió al camino. Cogió la calabaza y se apresuró a volver al bosque. Conejo corrió, llevando la calabaza, hasta que llegó a un claro. El suelo del claro estaba cubierto de hojas caídas.

—¡Oh!—dijo Conejo—. Este es un buen lugar para sentarse y comer mi miel.

El conejo abrió la calabaza y comenzó a comer la miel. Era dorada, y dulce, y muy buena. Conejo comió y comió y comió hasta que pensó que estallaría. Aun así, todavía quedaba bastante miel, ya que era una calabaza muy grande. Conejo tomó la miel restante y la derramó por todo su cuerpo. La vertió en su pelaje, en sus patas y en sus orejas, e incluso se aseguró de que hubiera un poco en su blanca y esponjosa cola. El conejo pronto se cubrió por todas partes con miel dorada y pegajosa.

Entonces Conejo saltó al medio del claro. Cayó sobre las hojas caídas y empezó a rodar, de un lado a otro, de un lado a otro, hasta que se cubrió de hojas caídas. Cuando las hojas tocaron la miel, allí se pegaron, y no se cayeron. Pronto el conejo no se parecía en nada a un conejo. No se veía ni un poco de su pelo, ni siquiera su blanca y esponjosa cola. Parecía una extraña criatura de hojas que salía de un oscuro rincón del bosque.

Cubierto con su disfraz de hojas, Conejo regresó a su pueblo natal. Saltó justo en medio de la calle principal, pero nadie lo reconoció. De hecho, la gente estaba un poco asustada, porque nunca antes habían visto una criatura así. ¡Se suponía que las pilas de hojas y ramitas no debían tener patas! ¡Se suponía que los montones de hojas y ramitas no debían saltar por el medio de la calle! La gente estaba tan asustada que no se acercaron a Conejo en absoluto.

Conejo saltó por el medio de la calle principal, hasta el pozo de agua. Los aldeanos que estaban al acecho de Conejo lo vieron venir hacia ellos, pero tampoco lo reconocieron. Todo lo que vieron fue una extraña criatura de hojas, saltando, saltando, saltando hacia el agua, así que se quedaron en sus escondites.

Conejo se rió para sí mismo mientras saltaba hacia la orilla del agua. Sabía que los aldeanos lo estaban observando, ¡pero no lo reconocieron! Era un buen truco que había hecho, seguro.

Conejo estaba sediento después de jugar trucos y comer tanta miel. Tomó un largo, largo trago de agua, tanto como le gustaba. Luego se alejó saltando.

Los aldeanos nunca atraparon a Conejo, y nunca lo llevaron ante el rey.

Vea más libros escritos por Matt Clayton

BIBLIOGRAFÍA

Alexander, Harley Burr. *Mythology of All Races.* Vol. 11, *Latin-American.* Boston: Marshall Jones Co., 1920.

Allan, Tony, and Tom Lowenstein. *Gods of Sun & Sacrifice: Aztec & Maya Myth.* London: Duncan Baird Publishers, 1997.

Bierhorst, John. *The Mythology of Mexico and Central America.* Revised edition. Oxford: Oxford University Press, 2002.

———, ed. The Monkey's Haircut and Other Stories Told by the Maya. New York: William Morrow and Company, 1986.

Brinton, Daniel G. American Hero-Myths: A Study in the Native Religions of the Western Continent. Philadelphia: H. C. Watts & Co., 1882.

Christenson, Allen J., trans. *Popol Vuh: Sacred Book of the Maya People.* 2007. Electronic version of original 2003 publication (Alresford: O Books). Mesoweb: http://www.mesoweb.com/publications/Christenson/PopolVuh.pdf.

Craine, Eugene R., and Reginald C. Reindorp, trans. and eds. *The Codex Pérez and The Book of Chilam Balam of Maní.* Norman: University of Oklahoma Press, 1979.

Edmonson, Munro S., trans. *The Ancient Future of the Itza: The Book of Chilam Balam of Tizimin.* Austin: University of Texas Press, 1982.

Elswit, Sharon Barcan. The Latin American Story Finder: A Guide to 470 Tales from Mexico, Central America and South America, Listing Subjects and Sources. Jefferson: McFarland & Company, Inc., 2015.

Ferguson, Diana. *Tales of the Plumed Serpent: Aztec, Inca and Maya Myths.* London: Collins & Brown, Ltd., 2000.

Goetz, Delia, and Sylvanus Griswold Morley. *Popol Vuh: The Book of the Ancient Maya.* Mineola: Dover Publications, 2003.

Green, Lila, ed. *Tales From Hispanic Lands.* Morristown: Silver Burdett Company, 1979.

Knowlton, Timothy, and Anthony Aveni. *Maya Creation Myths: Words and Worlds of the Chilam Balam.* Boulder: The University Press of Colorado, 2010.

Markman, Roberta H. and Peter T. Markman. *The Flayed God: The Mesoamerican Mythological Tradition.* New York: Harper Collins Publishers, 1992.

Menchú, Rigoberta, with Dante Liano. *The Honey Jar.* David Unger, trans. Berkeley: Groundwood Books, 2006.

Milbrath, Susan. Star Gods of the Maya: Astronomy in Art, Folklore, and Calendars. Austin: University of Texas Press, 1999.

Miller, Mary, and Karl Taube. An Illustrated Dictionary of the Gods and Symbols of Ancient Mexico and the Maya. London: Thames & Hudson, Ltd, 1993.

Nelson, Ralph, trans. *Popol Vuh: The Great Mythological Book of the Ancient Maya.* Boston: Houghton Mifflin Company, 1976.

Rice, Prudence M. Maya Calendar Origins: Monuments, Myth History, and the Materialization of Time. Austin: University of Texas Press, 2007.

Roberts, Timothy R. Myths of the World: Gods of the Maya, Aztecs, and Incas. New York: MetroBooks, 1996.

Roys, Ralph L. *The Book of Chilam Balam of Chumayel.* New ed. Norman: University of Oklahoma Press, 1967.

Sawyer-Lauçann, Christopher, trans. *The Destruction of the Jaguar: Poems from the Books of Chilam Balam.* San Francisco: City Lights Books, 1987.

Schmitt, Martha. *World Myths and Legends II: Central America.* Belmont: Simon & Schuster Education Group, 1993.

Schuman, Michael A. *Maya and Aztec Mythology.* Berkeley Heights: Enslow Publishers, Inc., 2001.

Sexton, James D., trans. and ed. *Mayan Folktales: Folklore from Lake Atitlan, Guatemala.* New York: Doubleday, 1992.

Taube, Karl. *The Legendary Past: Aztec and Maya Myths.* London: British Museum Press, 1993.